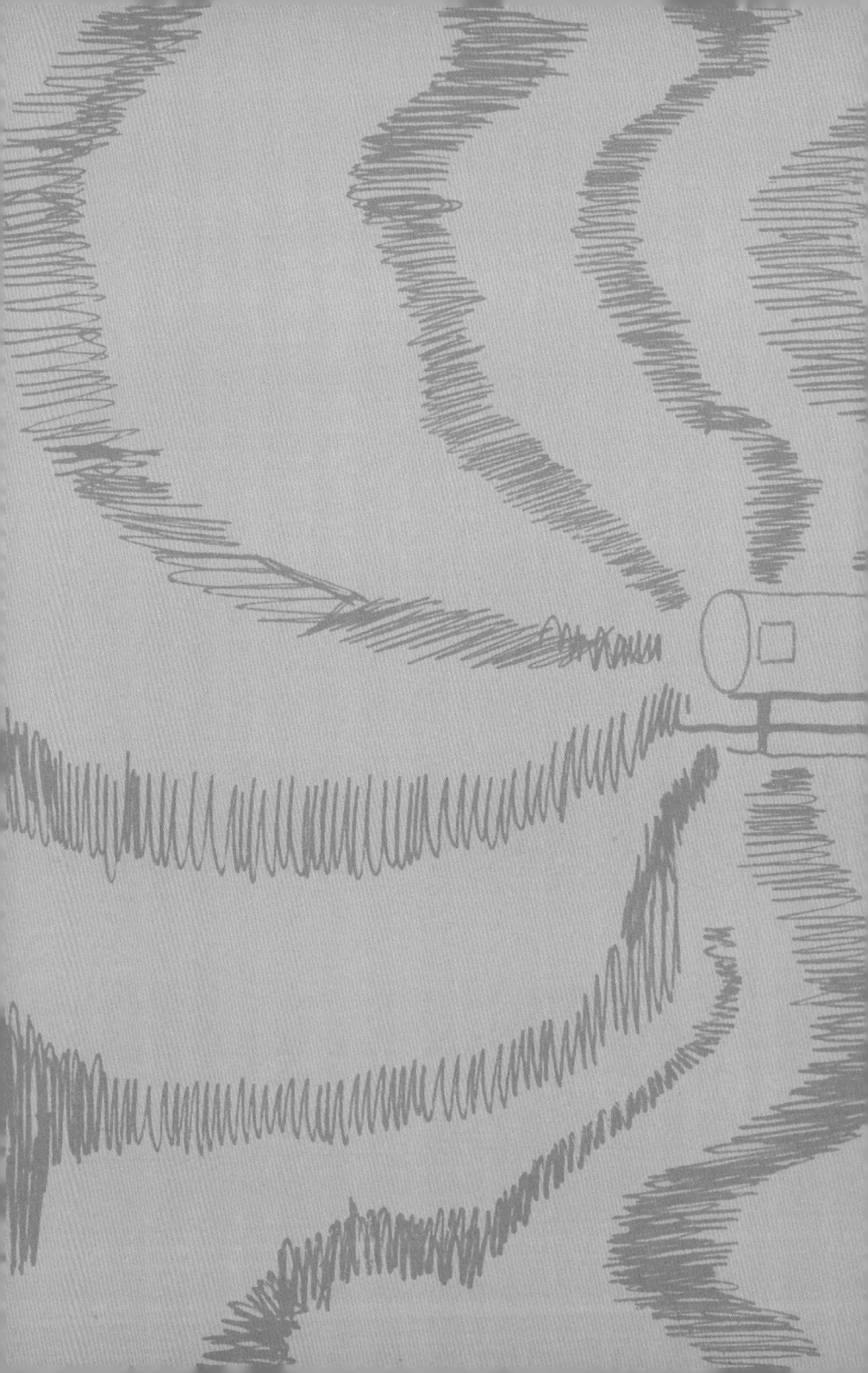

소통 파워 충전소
너랑 잘 지내고 싶어

소통 파워 충전소
너랑 잘 지내고 싶어

초판 1쇄 펴낸날 2025년 9월 24일

글	최은영
그림	김진화
펴낸이	홍지연
편집	고영완 이태화 김지예 이수진 정유나
디자인	이정화 박태연 정든해 이설
마케팅	강점원 원숙영 김신애 김가영 김동휘
경영지원	정상희 배지수
펴낸곳	(주)우리학교
출판등록	제313-2009-26호(2009년 1월 5일)
제조국	대한민국
주소	04029 서울시 마포구 동교로12안길 8
전화	02-6012-6094
팩스	02-6012-6092
홈페이지	www.woorischool.co.kr
이메일	woorischool@naver.com

ⓒ 최은영, 김진화, 2025
ISBN 979-11-6755-343-0 73810

- 책값은 뒤표지에 적혀 있습니다.
- 잘못된 책은 구입한 곳에서 바꾸어 드립니다.

만든 사람들
편집	탁산화 김신애 정유나
디자인	이든디자인

흔들리지 않는 단단한
내가 되기 위한

파워 충전소
시리즈

소통 파워 충전소
너랑 잘 지내고 싶어

최은영 글 | 김진화 그림

우리학교

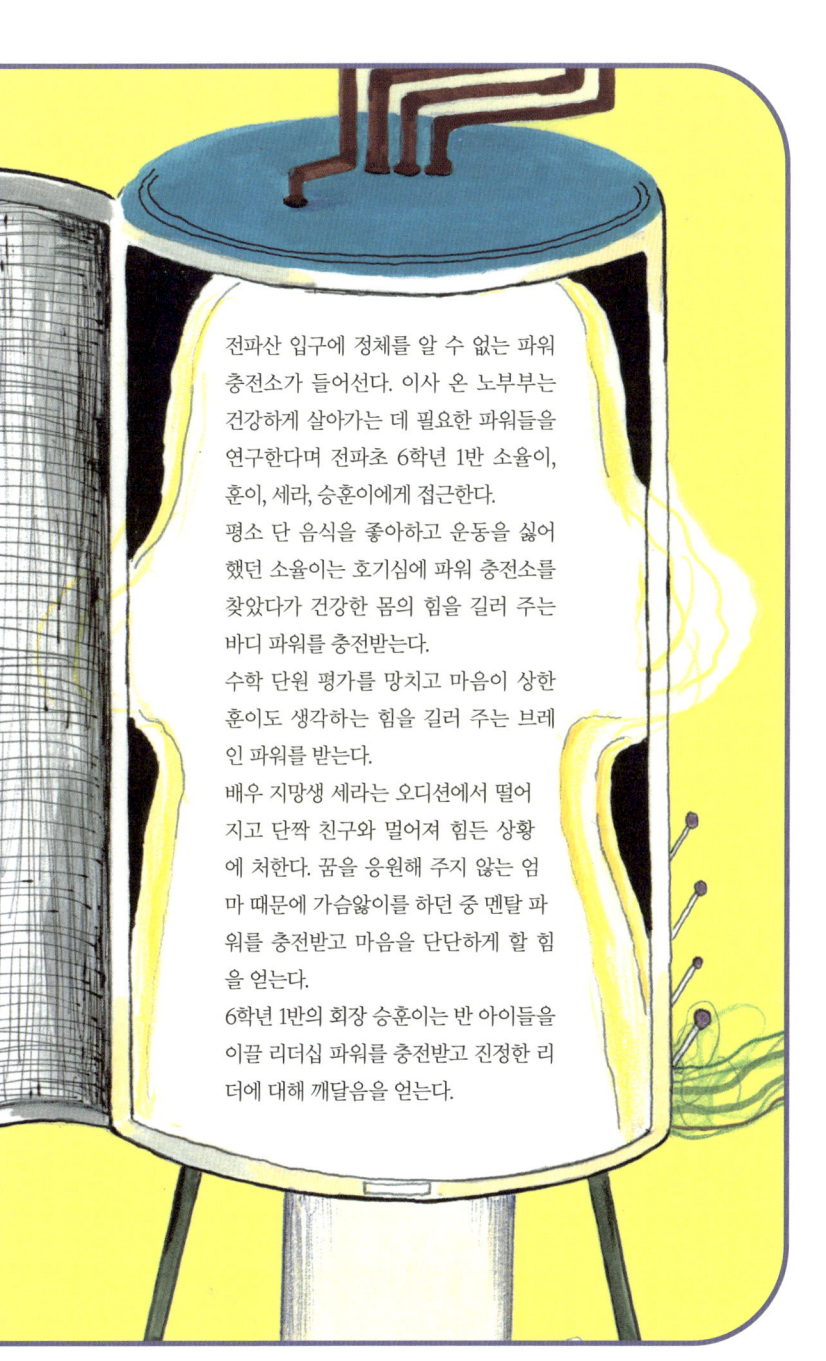

전파산 입구에 정체를 알 수 없는 파워 충전소가 들어선다. 이사 온 노부부는 건강하게 살아가는 데 필요한 파워들을 연구한다며 전파초 6학년 1반 소율이, 훈이, 세라, 승훈이에게 접근한다.

평소 단 음식을 좋아하고 운동을 싫어했던 소율이는 호기심에 파워 충전소를 찾았다가 건강한 몸의 힘을 길러 주는 바디 파워를 충전받는다.

수학 단원 평가를 망치고 마음이 상한 훈이도 생각하는 힘을 길러 주는 브레인 파워를 받는다.

배우 지망생 세라는 오디션에서 떨어지고 단짝 친구와 멀어져 힘든 상황에 처한다. 꿈을 응원해 주지 않는 엄마 때문에 가슴앓이를 하던 중 멘탈 파워를 충전받고 마음을 단단하게 할 힘을 얻는다.

6학년 1반의 회장 승훈이는 반 아이들을 이끌 리더십 파워를 충전받고 진정한 리더에 대해 깨달음을 얻는다.

차례

프롤로그

전학 첫날 * 17

급식실 소동 * 32

어긋난 기대 * 44

혼자 있는 아이 * 58

달라도 너무 달라! * 71

두 친구의 공통점 * 83

진짜 안 맞아! * 95

조화롭게 지내려면 * 106

충전, 소통 파워 * 123

소통 파워란? * 134

에필로그

작가의 말

프롤로그

에스컬레이터를 타자마자 라엘이는 4층을 가리키는 표지판을 올려다보았다.
'4F 문구·잡화'
별것 아닌 글자에 라엘이의 마음이 두둥실 떠올랐다. 입이 벙싯 벌어졌다.
"그렇게 좋아?"
엄마가 라엘이를 힐끗 쳐다보며 웃었다. 엄마를 바라보며 라엘이도 해죽거렸다.
다음 주면 라엘이는 전파초등학교의 어엿한 학생이 된다. 열세 살짜리 아이에게 초등학생이라는 이름은 지극히 당연하고 평범한 것이지만, 라엘이에게는 그렇지 않았다.

세 달 동안 기다리고 기다려 온 이름이었다.

"우아, 가방 진짜 많다!"

바닥에서 천장까지 꽉 차게 짜인 진열대 앞에서 라엘이는 또다시 입을 쩍 벌렸다. 드디어 학교에 갈 날이 다가왔다. 그리고 이제 초등학생의 기본 아이템인 가방을 장만할 시간이다.

"반년만 있으면 중학교에 가야 하니까 너무 비싼 건 고르지 말고……."

엄마가 잔소리를 늘어놓았다. 라엘이는 대충 고개를 끄덕이며 진열된 가방을 하나하나 살폈다. 그러다가 눈에 딱 띄는 가방을 발견했다. 앞면에 뉴질랜드 국기 모양이 새겨진 가방이었다.

유교웅서

"엄마, 나 저 가방 살래요!"
"뉴질랜드가 생각나는 모양이네?"
엄마가 샐쭉 웃으며 가방을 집어 들었다.
"5년 넘게 살았으니까……."
라엘이가 말끝을 흐렸다.

라엘이는 초등학교에 입학하기 직전, 가족과 함께 뉴질랜드에 갔다. 그곳에서 5년 넘게 살며 학교에 적응하고, 녹아 지내려 노력했다. 그러다가 지난 4월에 다시 한국으로 돌아오게 되었다. 부모님이 복잡한 절차를 거치며 한국에서 살 집을 정하고 전파동에 정착하는 동안 라엘이는 엄마와 함께 학교에 갈 채비를 해 왔다.

"우리 친구에게 잘 어울리는 가방이네요."

매장 매니저가 창고에서 새 가방을 내어 왔다. 라엘이는 가방을 어깨에 메고 큰 거울에 비춰 보았다. 이제는 뉴질랜드가 아닌 한국에서 학교에 다녀야 한다. 가방에 새겨진 뉴질랜드 국기가 새삼 마음에 들었다.

한국에서의 학교생활은 어떨까? 라엘이의 얼굴에서 헤실헤실 웃음이 떠나지 않았다.

전학 첫날

라엘이는 담임 선생님을 따라 씩씩한 발걸음으로 교무실을 나섰다.

"엄마는 집에 간다."

라엘이 곁에서 엄마가 속삭이듯 말했다.

"네, 어머니. 라엘이는 걱정 마셔요."

선생님이 엄마를 바라보며 상냥하게 말했다. 라엘이는 하늘거리는 연두색 원피스 차림의 선생님을 빤히 쳐다보았다. 선생님은 매우 친절했다. 그래서인지 라엘이는 기분이 꼭 구름을 타고 나는 듯했다. 전학 첫날, 시작이 더없이 좋았다.

엄마는 선생님에게 허리 숙여 인사하고는 학교 현관을 나섰다. 잠깐 라엘이를 돌아보는 엄마의 눈빛에는 믿음이 가득했다. 걱정 따위는 모두 털어 낸 듯 보였다.

"자, 얼른 가자."

선생님이 활짝 웃으며 앞장섰다. 라엘이는 가방을 고쳐 메고 선생님의 뒤를 쫓았다.

전파초등학교의 6학년 교실은 교무실이 있는 본관 뒤편의 별관에 있었다.

"새로 지은 건물이라 엘리베이터가 있지만, 교실이 있는 3층 정도는 걸어 다녀도 되겠지?"

선생님이 별관 중앙 현관을 오르며 나긋나긋 말했다. 라엘이는 당연하다는 듯 고개를 끄덕였다. 라엘이는 교실이 5층에 있다고 해도 걸어 다닐 수 있다고 생각했다. 그 정도의 불편은 문제도 아니었다.

6학년 교실이 있는 3층으로 접어들자, 또래 아이들로 복도가 복작거렸다. 우당탕거리며 뛰어다니는 아이들도 있었다.

"얘들아, 다치지 않게 살살 다니자."

선생님이 목청을 높였다. 그래도 목소리에는 웃음이 담겨 있었다. 아이들이 환한 얼굴로 선생님에게 꾸벅꾸벅 인사를 했다.

 그때 복도에 걸린 스피커에서 종소리가 울렸다. 동시에 복도를 메우고 있던 아이들이 각자의 교실로 들어갔다. 그제야 라엘이 눈에 '6학년 1반' 팻말이 붙어 있는 교실이 보였다. 선생님은 라엘이가 잘 따라오는지 확인하려는 듯 고개를 돌려 라엘이를 쳐다보더니 교실 앞문으로 들어갔다.

 "역시 우리 1반이 최고다!"

 교실에 들어서며 선생님이 엄지손가락을 치켜세웠다. 교탁 앞에 서 있던 아이가 펼쳐 둔 책을 덮고 선생님에게 꾸벅 목례하더니 자리로 돌아갔다. 제자리에서 얌전히 책을 읽고 있던 아이들도 책을 덮고 선생님을 쳐다보았다. 아이들 눈빛이 초롱초롱했다. 라엘이는 고개를 갸웃거렸다. 라엘이의 눈에는 복도에서 야생마처럼 뛰어다니던 아이들의 모습이 훨씬 더 자연스러워 보였기 때문이다.

 "우리 반에 새로운 친구가 전학을 왔어요."

 그때 선생님이 반 아이들에게 말했다. 라엘이는 얼른 도리질을 했다. 머릿속에 맴도는 생각을 지우기 위해서였다.

오늘은 전학 첫날이었다. 라엘이는 반 아이들에게 깔끔하고 멋진 인상을 주고 싶었다.

"이리 와서 자기소개를 해 볼까?"

선생님이 라엘이에게 교탁 가운데 자리를 내어 줬다. 라엘이는 선생님이 섰던 자리에 우뚝 선 채 반 아이들을 둘러보았다. 머리카락 색깔도, 얼굴 생김새도 라엘이랑 비슷한 아이들이 어림잡아 스무 명쯤 앉아 있는 것 같았다. 흠흠, 라엘이는 목을 가다듬고 입을 열었다.

"나는 이라엘이고, 뉴질랜드에서 학교에 다니다가 여기로 왔어."

"우아, 뉴질랜드?"

라엘이의 말이 채 끝나기도 전에 반 아이들이 호응했다. 라엘이는 얼른 마른침을 삼켰다.

"뉴질랜드가 어디 있지?"

"뉴질랜드 어디에 살았어?"

"왜 뉴질랜드에서 살았어?"

아이들의 질문이 여기저기에서 툭툭 튀어나왔다. 라엘이는 누구 질문에 먼저 대답해야 할지 몰라 갑자기 머릿속이 하얘지는 기분이 들었다.

"너희들, 처음 만났는데 너무 서두르는 것 아니야? 천천히 알아 가도록 하자."

선생님이 나섰다. 선생님은 라엘이 어깨에 손을 얹은 채 교실을 둘러보았다. 그러고는 "훈!" 하고 불렀다. 선생님에게 이름을 불린 아이가 손을 번쩍 들었다. 선생님은 라엘이에게 그 옆자리에 앉으라고 했다. 라엘이는 뚜벅뚜벅 자리를 찾아 들어갔다.

"안녕? 나는 황보훈이야."

옆자리에서 훈이가 생긋 웃었다. 라엘이는 그 웃는 얼굴이 제법 귀엽다고 느꼈다.

"자, 이제 수업 시작할게요. 교과서를 펴세요. 라엘이도 교과서 잘 챙겨 왔지?"

선생님이 라엘이를 쳐다보았다. 라엘이는 얼른 가방을 열었다. 가방에는 지난밤, 엄마가 챙겨 준 교과서가 다섯 권이나 들어 있었다.

"앞으로 교과서는 사물함에 넣어 두고 다녀."

훈이가 교실 뒤쪽을 가리키며 작은 소리로 말했다. 친절한 훈이 덕에 라엘이는 조금씩 긴장이 풀리는 듯했다.

전학 첫날, 첫 수업은 사회 시간이었다. 전파초등학교에 오기 전, 엄마랑 집에서 공부할 때 가장 쉽고 재미있었던 과목이 바로 사회였다. 라엘이는 두 눈을 반짝 빛내며 첫 수업을 마쳤다.

"뉴질랜드에서 얼마나 살다 온 거야?"

"뉴질랜드 어디에 살았어?"

쉬는 시간이 시작되기 무섭게 아이들이 몰려들었다.

"오클랜드라고, 한국 사람들이 많은 동네에 살았어. 또……."

"왜 거기 살았는데?"

앞자리에 앉은 예쁘장하게 생긴 아이가 커다란 눈을 더 크게 뜨고 라엘이를 보았다. 순간 라엘이 가슴에서 쿵 소리가 울렸다. 얼굴도 벌게지는 것 같았다.

"야, 라엘이 정신없게 하지 말고 다들 자리로 돌아가!"

앞자리 아이의 짝꿍이 목청을 높이며 팔을 홰홰 저었다. 그러고는 라엘이를 보며 큰 소리로 말했다.

"나는 기소율이야. 훈이랑은 어릴 적부터 단짝이었고, 얘는 내 짝꿍이자 나중에 멋진 모델이 될……."

"야아, 아직 잘 모른다니까!"

앞자리 아이가 부끄러운 듯 고개를 숙였다. 그 모습도 라엘이의 눈에는 더없이 예뻐 보였다.

"아빠가 뉴질랜드 지사에서 일했거든. 그러다가 세 달 전에 한국으로 돌아왔어."

라엘이는 성의껏 앞자리 아이의 질문에 답했다.

"세 달 전?"

앞자리 아이가 눈을 또 크게 떴다.

"그런데 왜 이제야 학교에 왔어?"

이번에는 옆에 있던 훈이가 물었다. 라엘이는 앞자리 아이와 더 이야기하고 싶었다. 하지만 훈이를 무시할 수는 없었다.

"이사하고, 학교 배정받느라고. 세 달 동안 엄마랑 집에서 공부했어."

"우아!"

라엘이 주위를 둘러싸고 있던 아이들이 탄성을 질렀다.

"집에서 공부를 어떻게 해?"

소율이가 눈을 동그랗게 뜨고 물었다. 라엘이는 집에서 공부를 했다는 말이 이상한가 싶었다.

"엄마가 한국 교과서를 미리 공부해야 한다고 해서……."

"윽, 선행 학습을 한 거야?"

소율이가 가슴을 쥐어짜며 얼굴을 구겼다.

"선행 학습?"

라엘이는 고개를 갸우뚱 기울였다.

"수업 시간에 들을 걸 미리 공부하는 거, 그게 선행 학습이야."

앞자리 아이가 천사처럼 대답했다. 라엘이는 고개를 끄덕이며 앞자리 아이에게 물었다.

"넌 이름이 뭐야?"

"임세라. 엔터 회사에 연습생으로 있어. 배우랑 모델 준비 중이야."

"진짜? 너 멋있다!"

라엘이 목소리가 훌쩍 튀어 올랐다. 세라가 얼굴을 붉히며 웃었다.

쉬는 시간이 끝나고 2교시 수업이 시작되었다. 2교시는 수학 시간이었다. 라엘이는 선생님이 설명하는 걸 제대로 알아들을 수 없었다. 선생님이 제시하는 문제도 어려웠지만 풀이 과정은 아예 뉴질랜드 원주민들의 언어 같았다. 엄마랑 집에서 공부할 때도 제일 어렵고 힘든 과목이 수학이었다.

"선생님!"

견디다 못한 라엘이가 손을 번쩍 들었다.

"라엘아, 왜?"

설명하다 말고, 선생님이 라엘이를 보았다. 동시에 반 아이들의 눈길도 라엘이에게 쏟아졌다. 라엘이는 조금 무안했지만 하는 수 없었다.

"저, 수학은 못 하겠어요."

"선생님 설명이 어렵니?"

선생님이 다정하게 물었다. 라엘이는 곧장 고개를 끄덕였다. 선생님이 곤란한 듯 반 아이들을 둘러보았다.

"흠, 다른 친구들은 어때? 조금 더 풀어서 설명해 줄까?"

"저는 괜찮은데요!"

앞에서 소율이가 손을 반짝 들고 대꾸했다. 몇몇 아이들도 괜찮다고 했다.

"우아!"

라엘이 입에서 탄성이 터졌다. 소율이가 라엘이를 쳐다보았다.

"너 엄청 똑똑한가 보다!"

라엘이의 말에 교실 곳곳에서 키득거리는 소리가 들렸

다. 동시에 소율이 얼굴에 열이 올랐다.

"너 지금 나 놀리는 거야?"

소율이가 입을 불뚝거리며 숨을 거칠게 내뱉었다. 라엘이가 억울한 얼굴로 말했다.

"수학이 어렵지 않다며? 그러니까 똑똑한 거지."

"야, 저 정도는 기본이거든!"

소율이가 빽 소리를 질렀다.

"잠깐만!"

라엘이의 얼굴이 붉어지려는데 선생님의 목소리가 끼어들었다.

"소율이는 1학년 때부터 지금까지 쭉 우리나라에서 수학을 배웠으니까 이 정도는 쉽다고 생각할 수 있어. 하지만 라엘이는 오늘 처음 우리 교과서로 수학을 접하는 거니까 어려울 수 있겠지? 어느 부분이 어려운지 조금 더 이야기를 들어 보자."

선생님이 차분하게 상황을 정리했다. 이제 라엘이가 대답할 차례였다.

"저는 수학 수업을 들어 본 적이 없어요."

반 아이들의 얼굴에 물음표가 떠올랐다. 라엘이의 말을

도통 이해하지 못하는 듯했다. 그건 선생님도 마찬가지였다.

"수학 수업을 들어 본 적이 없다니, 그게 무슨 말일까?"

선생님이 물었다.

"너 뉴질랜드에서 학교 안 다녔어?"

소율이가 몸을 홱 돌리며 질문을 던졌다. 라엘이는 갑자기 이상한 나라에 떨어진 앨리스가 된 기분이었다.

"다녔어!"

라엘이가 곧장 대꾸했다.

"그런데 수학 수업을 들어 본 적이 없다고?"

이번에는 세라가 물었다. 세라도 라엘이의 말을 이상하게 생각하는 듯했다. 라엘이는 목소리에 힘을 주었다.

"그래! 뉴질랜드에서는 자기가 듣고 싶은 과목을 선택해서 듣는단 말이야!"

"우아!"

이번에는 교실에 탄성이 번졌다.

"우리나라에서는 과목별로 정해진 수업 시간을 꼭 채워야 하거든. 그러니까 라엘이가 듣기 싫다고 해서 수학 수업을 뺄 수는 없어."

선생님이 차근차근 설명했다.

"하아······."

라엘이 입에서 한숨이 터졌다. 라엘이도 정해진 수업 시간표가 있다는 것을 엄마에게 들어 잘 알고 있었다. 하지만 듣기 싫고, 알아들을 수 없을 만큼 어려워도 무조건 수업을 들어야 한다니 이건 조금 억지 같았다. 그렇게 2교시 수학 수업 시간이 느릿느릿 흘러갔다.

급식실 소동

소율이네 모둠에 전학생이 끼어든 지 사흘이 지났다. 그동안 반 아이들은 전학생, 라엘이에게 꽤나 큰 관심을 보였다. 툭하면 소율이 주변까지 몰려들어 라엘이에게 질문을 퍼붓고 이런저런 뉴질랜드 이야기에 열렬한 호응을 보냈다. 특히 정해진 수업 시간표대로 따르지 않고 각자 듣고 싶은 과목을 선택해서 듣는다는 이야기나 학교마다 스포츠 동아리를 전폭적으로 지원해 주어 학교별 대항전도 자주 열린다는 이야기에 아이들은 모두 열띠게 환호하며 부러움을 드러냈다. 소율이도 다른 아이들과 크게 다르지 않았다.

"내가 뉴질랜드에 있는 학교에 다녔다면 축구부에 들어가서 날마다 공을 뻥뻥 날려 줬을 텐데!"

급식실로 향하며 소율이가 큰소리쳤다.

"야, 너 축구 못하잖아!"

옆에서 훈이가 키득거렸다.

"지금은 별로여도 앞으로 잘할 거거든!"

소율이는 주먹을 쥐고 훈이를 향해 흔들어 댔다.

"내가 훈이 너 때문에라도 반드시 잘 해낼 거야!"

"그래라! 그나저나 세라는 오늘 도시락 싸 왔대?"

훈이가 물었다. 심드렁한 얼굴로 배식받는 줄에 서 있던 라엘이가 고개를 돌려 훈이와 소율이를 보았다. 소율이는 라엘이의 눈길이 안중에 없는 듯 훈이에게 말했다.

"응, 토요일 날 오디션 보러 간대."

세라는 오디션이 잡히면 꼭 도시락을 챙겨 왔다. 기름기를 쏙 뺀 채소와 견과류, 오트밀 음료 등이 전부였는데 체중을 유지하면서 건강도 지켜 주는 식단이라고 했다.

"이거 다 엄마가 챙겨 주신 거야. 이제는 엄마가 더 열성이라니까."

도시락을 꺼내 보이며 세라는 근심 없는 얼굴로 해맑게

웃었다. 멘탈 파워를 충전받고 난 뒤 세라의 마음은 그 어느 때보다 단단해진 것 같았다.

"이번에는 모델 오디션인가 봐?"

훈이가 넌지시 말을 던졌다. 소율이는 고개를 갸우뚱거리며 훈이를 보았다. 훈이가 피식 웃으며 말했다.

"배우 오디션 보러 갈 때는 항상 대본 연습을 하잖아!"

"맞네! 오, 황보훈! 똑똑해졌는데?"

소율이가 훈이의 머리를 쓰다듬었다.

"이래 봬도 브레인 파워를 충전받은 머리라고!"

훈이가 어이없다는 얼굴로 소율이를 흘겼다.

"너희들 대체 무슨 소리를 하는 거야?"

훈이 옆에 서 있던 라엘이가 관심을 보였다. 소율이가 얼른 나섰다.

"우리 동네에 '파워 충전소'라는 곳이 있거든. 거기에서 건강하고 바르게 살아가는 데 꼭 필요한 파워를 충전시켜 주는데, 거기서 나는 바디 파워를 받았고, 훈이는 브레인 파워, 세라는 멘탈 파워를 충전받았어."

"그리고 우리 반 회장, 승혁이는 리더십 파워를 받았지."

훈이가 손가락으로 승혁이를 가리켰다. 승혁이는 생글

생글 웃는 얼굴로 반 아이들을 배식대 앞으로 세우며 질서를 지키도록 유도하고 있었다. 자기 마음에 들지 않는다고 고래고래 고함을 지르며 아이들을 윽박지르던 승혁이는 이제 없었다. 리더십 파워를 충전받은 덕분이었다. 훈이의 얼굴에 배시시 미소가 번졌다.

"한국에는 별 이상한 게 다 있구나."

라엘이가 의아한 듯 머리를 흔들었다.

"야, 이상한 거 아니야!"

훈이가 두 손을 휘저으며 라엘이를 보았다. 라엘이는 부루퉁한 얼굴로 배식대를 향해 눈길을 돌렸다. 파워 충전소에는 별 관심이 없는 듯 보였다. 하기는 훈이나 소율이도 처음에는 파워 충전소 소장님들의 말을 믿지 못했다. 라엘이의 반응은 지극히 자연스러웠다.

"야호, 오늘은 두부조림에 멸치볶음이다!"

배식대에 가까워지자 소율이가 호들갑을 떨었다. 소율이를 보며 훈이는 피식 웃었다. 바다 파워를 충전받기 전까지 소율이는 두부는 물론, 멸치같이 우리 몸에 좋다는 식품들은 다 싫어했다. 맛도 없고 식감도 좋지 않다는 이유에서였다. 거기에 운동이라고는 숨쉬기 운동밖에 안 하던 소율이였는데 바디 파워를 충전받고 난 뒤, 많은 것이 달라진 것이다.

"맛있게 잘 먹겠습니다!"

두부조림을 세 조각이나 받아 들고, 소율이는 큰 소리로 영양사 선생님에게 인사했다. 옆에서 배식원 아주머니가 멸치볶음에 아몬드를 골고루 섞어 소율이 식판에 넉넉하게 얹어 주었다. 소율이가 또다시 짜랑짜랑한 목소리로 감사 인사를 전했다. 오늘의 주요리인 찜닭에 콩나물 김칫국, 대추토마토까지 야무지게 받아서 자리를 찾아가려는 찰나였다.

"나 안 먹을래요! 맛없어 보여요."

라엘이의 외침이 울렸다. 소율이는 재빨리 뒤를 돌아보았다.

"아, 이건 두부를 양념장에 조린 건데……."

영양사 선생님이 라엘이에게 메뉴를 설명하려 들었다. 하지만 라엘이는 고개를 홰홰 저었다. 얼굴은 잔뜩 찌푸린 채였다.

"그러면 이쪽에 와서 찜닭을……."

영양사 선생님이 찜닭 쪽으로 향하려는데 라엘이가 빈

식판을 번쩍 들어 올리며 몸을 홱 돌렸다. 순간 라엘이의 식판이 두부조림이 담겨 있던 그릇에 걸려 부딪히더니 눈 깜짝할 사이에 두부조림 그릇이 배식대 뒤편으로 떨어졌다.

"어머나!"

두부조림을 나누어 주던 배식원 아주머니가 급하게 그릇을 잡았지만 아주머니의 앞치마 위로 두부조림이 쏟아졌다. 영양사 선생님과 담임 선생님이 라엘이 쪽으로 급히 다가왔다.

"어떡해!"

소율이도 들고 있던 식판을 식탁 위에 올려놓고 배식대 쪽으로 달려갔다. 훈이와 반 아이들 몇몇이 배식대 쪽에 다가섰다. 배식대 아래로 두부조림이 반쯤 쏟아져 있었다. 조리실에서 조리사 두 명이 달려와 바닥에 떨어진 두부조림을 커다란 양푼에 쓸어 담았다. 한쪽에서 배식원 아주머니가 대걸레를 들고 허겁지겁 배식대 쪽으로 달려왔다.

"야, 너 두부조림을 저렇게 많이 쏟으면 어떡해?"

소율이가 빽 소리쳤다. 잽싸게 먹고 두부조림을 더 받을 참이었는데 아무래도 어려울 듯했다.

"일부러 그런 게 아니야!"

라엘이가 억울한 듯 소리를 높였다.

"그러니까 그냥 얌전히 받아서 먹었으면 됐잖아!"

소율이가 지지 않고 빽빽거렸다.

"난 저거 먹기 싫어!"

"먹어 보지도 않았으면서 싫다니!"

라엘이와 소율이의 목소리가 짜랑짜랑 울렸다.

"라엘아, 일단 영양사 선생님이랑 조리사 선생님들께 사과부터 하자."

담임 선생님이 라엘이에게 말했다. 라엘이는 울상을 지으며 영양사 선생님을 바라보았다. 영양사 선생님은 바닥에 흩어진 두부조림을 수습하느라 정신이 없었다.

"선생님, 저희는 언제 먹어요?"

뒤쪽에 서 있던 다른 반 아이들이 소리를 높였다.

"저희는 두부조림 못 먹어요?"

누군가의 말에 줄 서 있던 아이들이 동시에 아우성을 쳤다. 아우성 속에는 라엘이에 대한 힐난도 섞여 있었다.

"선생님이 다른 반찬 더 준비해 줄게."

영양사 선생님이 뒤쪽에 늘어선 아이들에게 말을 던지고 조리실로 들어갔다. 조리사들도 바닥을 정리하고 서둘러 조리실로 향했다. 다른 반 선생님들이 반 아이들을 진정시키며 조리실을 힐끔거렸다.

"전학생이에요?"

6학년 부장 선생님이 담임 선생님과 라엘이에게로 다가왔다.

"네, 뉴질랜드에서 살다 온 친구인데요······."

담임 선생님이 몹시 곤란한 얼굴로 라엘이를 보았다.

"학생! 급식실에서 이렇게 소란을 피우면······."

부장 선생님의 말이 채 끝나기도 전에 라엘이가 퉁명스레 말했다.

"뉴질랜드 학교에서는 이러지 않아요. 각자 먹고 싶은 걸 먹게 놔둔다고요!"

담임 선생님이 얼른 라엘이를 타일렀다.

"라엘아, 그건 뉴질랜드 방식이고······."

"왜 이렇게 답답한 곳에 모여서 모두 똑같은 음식을 먹어야만 해요? 게다가 먹고 싶지도 않은 음식을요!"

라엘이는 담임 선생님의 말도 끊고 자기 생각을 말했다. 담임 선생님도, 부장 선생님도 대꾸할 말을 잃은 듯 멀거니 라엘이를 보았다.

"급식은 우리 몸에 꼭 필요한 영양소를 생각해서 균형 있게 만든 음식이야."

소율이가 나섰다. 소율이는 왠지 그래야 할 것 같았다.

"그래도 먹기 싫단 말이야!"

라엘이가 외쳤다.

"먹기 싫으면 먹지 마!"

뒤에서 누군가가 소리쳤다.

"맞아. 아예 급식실에 오지도 마."

여기저기에서 목소리들이 터졌다. 점차 라엘이의 얼굴이 붉어지고 있었다.

"일단 나가자."

담임 선생님이 라엘이를 데리고 급식실을 빠져나가려 할 때였다.

"야, 뉴질랜드는 급식이 없다는데?"

회장 승혁이가 스마트폰을 들고 큰 소리로 외쳤다. 그새 검색을 해 본 모양이었다.

"급식도 없는데 먹고 싶은 걸 먹게 놔둔다는 게 무슨 소리야?"

훈이가 승혁이에게 물었다. 승혁이는 알 수 없다는 듯 어깨를 으쓱 들었다 내렸다.

"가, 각자 먹고 싶은 걸 싸 온다고."

라엘이가 당황한 듯 더듬거렸다.

"그건 도시락을 갖고 온다는 거잖아. 급식을 먹는 거랑 도시락을 먹는 것은 다르지."

승혁이가 어른스럽게 말했다. 주위에서 '맞아, 맞아!' 맞장구치는 말이 짧게 짧게 울렸다. 그럴수록 라엘이의 얼굴은 더 붉어졌다.

"얘들아, 이것도 같이 줄게."

영양사 선생님이 달걀말이를 들고나왔다. 담임 선생님이 영양사 선생님에게 고개를 숙였다. 라엘이는 아무런 말 없이 발끝만 쳐다보고 있었다. 배식을 기다리던 아이들이 식판을 하나씩 꺼내 들었다.

어긋난 기대

학교를 나서는 라엘이의 어깨가 축 늘어졌다. 걸음도 덩달아 터덜터덜 맥을 잃었다. 조금 전까지만 해도 온몸에 바짝 힘을 넣고 또랑또랑한 눈으로 선생님을 쫓던 라엘이였다. 5교시 수업이 끝나고 쉬는 시간이 되자 바쁜 척 공책을 펼치고 점심시간에 담임 선생님이 들려준 말을 적기도 했다.

> 정성껏 음식을 준비한 사람 앞에서 맛없어 보인다고 말하는 건 예의가 아니야. 상대방의 마음이 어떨지 헤아릴 줄 알아야 해.

> 자기 의견만 내세우는 건 옳지 않아. 많은 사람이 따르는 규칙에는 그만한 이유가 있거든. 다른 사람의 말에도 귀를 기울여야 해. 조금씩 노력해 보자.

담임 선생님은 급식실에서 나와 부드럽고 상냥한 목소리로 라엘이를 달랬다. 영양사 선생님에게 버릇없이 굴고, 제대로 사과하지 않았다고 된통 꾸지람을 들을 줄 알았는데 선생님은 그러지 않았다. 선생님은 라엘이를 이해한다고 했다.

"지금까지 뉴질랜드에서만 학교에 다녔으니까 이곳의 분위기가 불편할 수 있어. 그래도 이곳 나름대로 좋은 점도 있거든. 조금 넓은 마음으로 좋은 점을 찾으려 노력해 주면 좋겠다."

선생님의 말에 라엘이는 아무런 대꾸도 하지 않았다. 따져 봐야 소용없을 것 같아서였다. 그냥 아무렇지 않은 척하는 게 편할 것 같았다. 그래서 오후 수업 시간 내내 입을 꾹 다문 채 홀로 바쁜 척 정신없이 굴었다. 덕분에 아이들도 라엘이에게 말을 걸지 않았다.

"도대체 무슨 노력을 어떻게 하라는 거야?"

학교 앞을 벗어나 집 앞 골목에 이르자 라엘이는 빽 고함을 질렀다.

"그러니까 맛이 없어도 그냥 먹고, 다들 하는 건 무조건 따르라는 거지?"

선생님의 말을 정리해 보면 그랬다. 하지만 라엘이는 그러기 싫었다. 생김새가 비슷한, 같은 국적을 가진 사람들이 사는 이 나라에서 왜 뉴질랜드에서 지낼 때보다 더 큰 노

력을 해야 하는지 라엘이는 이해할 수 없었다. 기운이 빠졌다. 무엇보다 배가 고팠다. 오늘은 매점에서 빵도 사 먹지 못했다.

"엄마, 간식! 나 배고파."

집에 들어서자마자 라엘이는 간식부터 찾았다.

"아니, 왜? 또 급식 안 먹었어?"

방에서 나오는 엄마의 눈이 휘둥그레졌다.

"급식실 가기 싫다고 했잖아!"

라엘이는 가방을 현관 앞에 툭 던져 놓고 소파에 벌러덩 누웠다. 천장이 빙글빙글 도는 것 같았다. 어제랑 그제는 급식실에 대충 앉아 있다가 매점에 가서 빵을 사 먹었다. 그런데 오늘은 두부조림이 쏟아지는 바람에 그러지도 못했다. 이상스럽게 감정이 조금씩 부글부글 끓어올랐다.

"그래도 자꾸 먹다 보면 나아질 텐데……."

엄마도 선생님이랑 똑같은 말을 쏟아 내려 했다. 라엘이는 자리에서 발딱 일어나 앉았다.

"왜 먹고 싶지도 않은 음식을, 친하지도 않은 애들이랑 다닥다닥 붙어 앉아서 먹어야 해?"

"한국에서는 초중고까지 학교에서 무료로 급식을 준다

잖아. 여기에서 학교에 다니기로 한 이상…….”

역시 똑같은 이야기다. 라엘이는 얼굴을 확 구겼다. 선생님 앞에서는 아무렇지 않은 척했지만 엄마 앞에서까지 그러기는 싫었다. 싫은 건 싫다고 확실하게 밝혀야 했다. 순간 도시락을 싸 왔다는 세라가 떠올랐다.

"여기에도 도시락을 싸 오는 애가 있어!"

"진짜?"

엄마가 눈을 동그랗게 뜨고 라엘이를 보았다. 얼굴에는 의심의 빛이 가득했다.

"응! 내 앞자리에 앉는 애, 그 애는 도시락을 싸 온다고."

"그 애도 참 별나네. 왜 급식을 안 먹고…….”

엄마가 슬금슬금 말을 얼버무리더니 부엌으로 들어갔다. 라엘이와의 대화를 얼렁뚱땅 넘기려는 거였다. 라엘이는 퉁탕거리며 부엌으로 쫓아갔다.

"내일부터 나도 도시락. 알았지?"

"선생님께 물어보고."

엄마가 접시에 미트파이를 얹으며 답했다.

"내가 도시락을 먹고 싶다는데 왜 선생님에게 물어봐?"

선생님에게 물어보면 분명히 안 된다고 할 것이 뻔했다.

라엘이에게 조금만 더 노력해 보라고 했으니까.

 사실 라엘이도 앞자리의 세라가 매일 급식을 챙겨 먹었고, 어떤 사정 때문에 며칠만 도시락을 싸 온다는 것을 알고 있었다. 하지만 엄마에게 도시락을 싸 달라고 할 이유를 대기 위해 자세한 사정에 대해서는 입을 꾹 다물었다.

 "다른 친구들은 단체 급식을 먹는데 혼자만 도시락을 먹겠다니! 그러다가 친구 하나 못 사귀면 어쩌려고 그래?"

 엄마 목소리에 걱정이 묻었다. 라엘이는 고개를 푹 숙였다. '친구 하나'도 사귀지 못하는 건 슬픈 일이다. 그건 누구보다 라엘이가 잘 알고 있다. 그렇지만 매일 우르르 몰려가서 먼지가 폴폴 날리는 급식실에 앉아 입에 맞지도 않는 음식을 억지로 먹기는 싫었다. 문득 두부조림을 쏟았다고 소리치던 소율이의 우악살스럽던 얼굴과 급식실에 오지 말라던 아이들의 목소리가 스쳤다.

 "그러니까 여기는 왜 단체 급식을 하냐고!"

 뉴질랜드에서는 각자 편한 장소로 이동해 간단한 도시락으로 점심을 때웠다. 그만큼 전교생이 흩어져 쉴 수 있는 공간이 많았고, 수업 시간도 이곳처럼 빡빡하지 않았다.

 "이른 아침부터 늦은 오후까지 교실에 갇혀서 똑같은 애들이랑 똑같이 수업 듣는 것도 재미없어!"

라엘이가 연이어 불평을 늘어놓았다. 오븐에서 미트파이를 꺼내던 엄마가 어이없다는 표정으로 라엘이를 보았다. 그러고는 불친절한 손길로 라엘이 앞에 미트파이를 내밀었다.

"이라엘!"

엄마가 뾰족한 목소리로 라엘이를 불렀다.

"왜에?"

라엘이의 목소리도 부드럽지 않았다. 엄마보다 더 뾰족했다.

"자꾸 불평할 거야?"

라엘이는 눈썹을 잔뜩 찌푸린 채 미트파이를 집었다. 엄마가 우유를 내주며 라엘이 앞에 앉았다.

"한국에 오면 누구보다 잘 지낼 수 있다고 한 사람이 누구였지?"

라엘이네 가족이 뉴질랜드에 남느냐, 한국으로 오느냐를 결정할 무렵이었다. 라엘이는 뉴질랜드를 떠나고 싶어 했다. 4학년까지 같이 학교에 다녔던 한국인 친구가 다른 지역으로 떠난 뒤, 학교생활이 재미없던 참이었다.

라엘이와 다른 머리카락 색깔을 가진 아이들은 자기들끼리 똘똘 뭉쳐서 놀았다. 학창 시절 내내 줄기차게 즐기던 럭비 경기를 할 때도 라엘이는 공이랑은 상관없는 공간에서 홀로 뛰어다녀야 했다. 친구가 없는 학교생활은 지루하고 쓸쓸했다. 그래서 아빠가 한국으로 들어가야 할 것 같다고 했을 때, 라엘이는 누구보다 신이 났었다. 생김새가 비슷한 아이들이 모여 있는 한국에 가면 마냥 즐거워질 줄 알았다.

"정 학교가 싫으면 엄마랑 그냥 집에서 공부해."

엄마의 목소리가 냉랭했다. 라엘이는 눈물이 쏙 빠질 것 같았다. 엄마랑 둘이 책상 앞에 앉아 똑같은 문제를 풀고 또 푸는 건 지겨웠다. 라엘이가 한국행을 선택했을 때 기대한 건 이런 게 아니었다. 그저 또래 친구들 사이에서 마음껏 뛰어다니며 수다를 떨고, 해맑게 웃고 싶었을 뿐이었다. 그런데 지나친 기대였나 싶었다.

라엘이는 한 입 베어 문 미트파이를 접시에 툭 던졌다. 그리고는 자리에서 발딱 일어났다.

"배고프다며?"

엄마의 눈길이 일어서는 라엘이를 쫓았다. 라엘이는 성

큼성큼 현관으로 향했다.

"어디 가려고?"

등 뒤에서 엄마가 물었다.

"잠깐 나갔다 올게!"

한마디를 던지고 라엘이는 집을 나섰다. 엄마랑 더 앉아 있다가는 학교에서 그랬던 것처럼 또 실수할 것 같았다. 화를 좀 가라앉히고 싶었다.

집 밖으로 나온 라엘이는 주위를 두리번거렸다. 산을 끼고 있는 동네는 자그마했고 조용했다. 뉴질랜드에서 살던 동네와 비슷했다. 그래서인지 라엘이는 이 동네가 마음에 들었다.

'이라엘, 너는 뉴질랜드가 좋은 거야, 싫은 거야?'

라엘이 자신도 알 수 없었다. 가끔은 다시 돌아가고 싶을 만큼 그리웠지만 화들짝 놀랄 만큼 그곳이 싫기도 했다. 라엘이는 또다시 뉴질랜드에서처럼 겉돌게 될까 봐 가슴이 철렁했다.

"잘 지내고 싶었는데, 그러고 싶었는데……."

터벅터벅 걸음을 옮기는데 기어이 눈물이 흘렀다. 라엘이의 마음을 알아주지 않는 엄마도, 선생님도 다 미웠다.

"요기 아래 골목 끝 집에 사는 아이로구나."

낯선 목소리가 라엘이의 걸음을 붙잡았다. 라엘이는 손등으로 눈물을 쓱 닦아 내고는 소리가 나는 쪽으로 고개를 돌렸다. 눈앞에 허연 머리카락을 휘날리고 있는 할아버지와 까만 머리를 한데 모아 위쪽으로 동그랗게 말아 올린 할머니가 보였다. 할아버지와 할머니는 생글생글 웃으며 라엘이를 바라보았다.

"저를 아세요?"

"지난번, 이사 오던 날 봤지."

할아버지가 푸근한 얼굴로 답했다.

"도통 집 밖에 나오지를 않는 것 같더니 오늘은 어쩐 일로 여기까지 왔을까?"

할머니가 조금은 도도한 눈빛으로 라엘이를 쳐다보았다. 라엘이는 그제야 멍한 눈으로 주위를 살폈다. 어느새 집 근처에 있는 산자락 입구까지 와 있었다. 산자락에서 내뿜는 초록빛이 라엘이를 이리로 이끈 듯했다.

"할아버지, 할머니도 이 근처에 사세요?"

"아무렴. 여기가 우리 집이란다."

할아버지가 산자락 입구에 있는 2층짜리 건물을 가리켰

다. 라엘이는 가로로 길게 자리 잡은 건물을 훑어보았다. 건물을 따라 가로로 길게 난 좁다란 창문이 전부여서 집 안에서는 초록빛 가득한 산이 보이지 않을 것 같았다. 초록빛 산 앞에 통창이 없는 집이라니 조금은 의아했다.

"너, 마음이 꽤 무거워 보이는구나."

할머니가 짐짓 아는 체하며 말했다. 라엘이는 깜짝 놀라 할머니를 보았다. 라엘이의 마음은 전파초등학교에 다니기 시작한 뒤로 내내 무겁게 가라앉아 있었다. 그걸 처음 만난 할아버지와 할머니가 알아챈 거였다.

"뭐든 처음은 낯설고 어려워서 무겁기 마련이지."

할머니가 혼잣말하듯 중얼거렸다. 라엘이는 몸을 살짝 뒤로 빼며 할머니를 다시 보았다. 할머니가 라엘이의 상황을 곱씹고 있었다. 예사롭지 않았다.

"허허허, 겁먹을 것 없단다. 그냥 무거운 마음을 내려놓고 싶을 때 언제든 찾아오렴."

할머니 옆에서 할아버지가 허허 웃으며 집을 다시 한번 가리켰다. 라엘이는 할아버지의 손끝을 따라 눈을 돌렸다. 그곳에 '파워 충전소'라는 글자가 박혀 있었다.

'파워 충전소?'

급식실에서 소율이와 훈이가 떠들어 대던 이름이었다. 참 허무맹랑한 소리를 하는구나 싶었는데 그 주인공이 라엘이 눈앞에 있었다. 어딘가 신비로워 보이는 할아버지, 할머니와 함께 말이다. 라엘이는 팽 몸을 돌렸다. 엉뚱한 일에 휘말리고 싶지 않았다.
"나중에 또 보자!"
할아버지가 시원시원한 목소리로 인사를 건넸다.

혼자 있는 아이

월요일 수업이 끝나고 종례를 기다리며 가방을 챙길 때였다. 담임 선생님이 모니터에 짤막한 공지 사항을 올렸다.
"우아!"

방학맞이 파티를 엽니다!

일시 : 7월 18일 목요일 5~6교시
장소 : 전파초 6학년 1반 교실

어수선하던 아이들이 한목소리로 탄성을 질렀다. 7월 18일이면 다음 주였다.

선생님이 싱글거리며 교탁 앞으로 다가왔다.

"뭐 하는 파티예요?"

소율이가 물었다.

"뭘 하긴? 다 함께 맛있는 것을 나누어 먹으며 신나게 노는 파티지!"

선생님의 대답에 아이들은 신이 나서 책상을 두드렸다.

"어떤 음식을 나눠 먹어요?"

회장 승혁이가 물었다.

"그건 너희들이 결정하면 돼!"

선생님이 또 다른 페이지를 모니터에 띄웠다.

다 함께 즐거운 포트럭 파티!
▶ 모둠별로 간단한 먹을거리 준비하기
▶ 모둠별 놀거리 계획하기

"오오!"

아이들의 함성이 커졌다. 선생님은 아이들의 반응이 마음에 드는 듯 아이들을 둘러보며 빙긋거렸다.

"모둠은 지금 앉은 대로예요?"

훈이가 묻자 선생님이 그렇다고 했다.

"아싸!"

교실 여기저기에서 아이들의 환호가 들렸다. 하지만 소율이의 얼굴은 단박에 굳었다. 세라 뒷자리에 앉은 라엘이가 신경에 거슬려서였다.

지난주, 급식실에서의 소동 이후로 라엘이는 입에 자물쇠라도 채운 듯 아무 말도 하지 않고 지냈다. 표정도 딱딱하게 굳은 채였다. 게다가 벌써 며칠째, 점심시간만 되면 어디론가 말없이 사라졌다가 5교시 예비종과 함께 나타났다. 급식은 먹지 않기로 작정한 듯했다.

"푸……."

소율이가 입술을 털며 세라를 보았다. 세라가 양 볼에 바람을 빵빵하게 넣고 멍하니 앉아 있었다. 세라도 난감해 보였다.

종례가 끝나자 반 아이들이 가방을 집어 들고 의자를 밀며 자리에서 일어났다.

"야, 우리 모둠! 얘기 좀 하고 가자!"

"우리 모둠도 잠깐 모여!"

여기저기에서 빽빽거리며 파티 준비를 시작하려 했다.

드르륵.

세라 뒷자리에서도 의자 소리가 났다. 소율이는 얼른 뒤돌아 일어서 있던 라엘이를 붙잡았다. 멈칫거리다가는 파티는커녕 준비도 시작하지 못할 것 같아서였다. 라엘이가 매서운 눈으로 소율이를 보았다.

"얘기 좀 하고 가."

소율이가 말했다. 세라와 훈이가 소율이와 라엘이를 번갈아 쳐다보았다. 라엘이는 뜨악한 얼굴로 소율이를 노려봤다. 그러고는 소율이의 팔을 획 뿌리치더니 뒷문으로 향했다.

"야, 이라엘!"

세라가 라엘이를 부르며 뒷문 쪽으로 잽싸게 달려갔다. 동시에 훈이도 라엘이의 앞을 가로막았다.

"왜?"

라엘이가 드디어 입을 열었다.

"잠깐 얘기 좀 하고 가자."

세라가 부드럽게 말했다. 라엘이는 입을 실룩거리며 허공을 보았다. 어떻게 할까, 고민하는 듯 보였다. 그때 소율이가 훈이 옆으로 비집고 서며 말했다.

"다른 모둠도 모였잖아. 그러니까 우리도……."

"나 가야 해!"

라엘이가 갑자기 차갑게 말을 뱉더니 몸을 틀어 교실을 빠져나갔다.

"야!"

소율이가 빽 소리쳤다.

"내일은 시간 좀 내."

세라가 사정하듯 말했다. 그러거나 말거나 라엘이의 걸음에는 거침이 없었다.

"으, 진짜!"

소율이가 주먹을 부르르 떨었다.

"아직 시간 있잖아. 내일 점심시간에는 꼭 같이 얘기해 보자."

세라가 말을 마치고 가방을 집어 들었다. 오늘은 세라도 회사에 가야 한다고 했다. 별수 없었다.

훈이와 함께 집으로 향하던 소율이가 파티 음식으로 어떤 것이 좋을지 물었다. 고민하던 훈이가 파워 충전소 할아버지를 떠올렸다.

"할아버지는 우리 몸에 좋은 건강 음식 박사니까 멋진 아이디어가 많을 거야."

말을 뱉으며, 훈이는 환하게 웃었다. 훈이는 파워 충전소 할아버지를 꽤 좋아했다.

이튿날, 소율이는 아침 일찍 교실에 닿았다. 바디 파워를 충전받고 난 후 소율이는 매일 아침 일찍 일어나 운동을 하고 학교에 왔다. 지각을 밥 먹듯 하던 예전의 소율이 모습은 온데간데없었다.

자리에 앉아 소율이는 내내 뒤쪽을 힐끔거렸다. 라엘이는 오늘도 수업 시작 바로 직전에야 교실로 들어왔다. 마치 그 누구와도 이야기 나눌 시간을 만들지 않으려는 것 같았다.

점심시간에 얘기해. 꼭!

소율이는 라엘이에게 메모를 보냈다. 라엘이는 답이 없

었다. 그래도 보기는 했을 거다. 선생님이 공책에 필기하라고 한 바로 그 순간에 메모지를 라엘이 공책 위에 올려 두었으니까. 게다가 옆에 훈이도 있었으니 어쩔 수 없이 메모를 봤을 거였다.

"이라엘!"

점심시간이 시작되기 무섭게 소율이는 라엘이부터 붙잡았다.

"같이 밥 먹으러 가자. 나 이제 급식 먹을 수 있어."

세라도 생긋 웃으며 라엘이에게 말을 붙였다. 세라는 아직 결과는 알 수 없지만 오디션을 괜찮게 본 것 같다며 아침부터 기분이 들떠 있었다.

"나 급식 안 먹어."

라엘이가 새침하게 말했다.

"왜? 너는 배 안 고파?"

훈이가 라엘이에게 말을 건넸다. 라엘이 입꼬리가 삐뚜름하게 올라갔다. 비웃는 것 같았다.

"같이 밥 먹으면서 파티 얘기 좀 하자."

소율이도 라엘이에게 사정했다. 함께 파티를 준비하려면 그래야 할 것 같았다.

"나 급식 안 먹는다고."

라엘이가 자리에서 벌떡 일어났다.

"그럼 12시 40분에 여기에서 만나. 꼭!"

소율이가 목소리에 힘을 넣었다. 라엘이는 소율이의 목소리를 귓등으로 듣는 듯 아무 말 없이 교실을 빠져나갔다.

"후유!"

소율이의 입에서 한숨이 터졌다.

"일단 점심부터 먹자."

세라가 소율이의 어깨를 잡았다. 마침 소율이 뱃속에서 꼬르륵 소리가 울렸다. 소율이도 빨리 점심을 먹고 싶었다.

"근데……."

급식실로 향하며 훈이가 조심스레 입을 열었다. 소율이와 세라가 훈이를 보았다.

"라엘이는 왜 급식을 안 먹는 걸까?"

"영양사 선생님한테 미안해서 안 가는 거 아닐까?"

소율이가 물음표를 훈이에게 돌렸다.

"그러면 점심시간마다 어딜 가는 거지?"

세라가 고개를 갸우뚱거렸다. 훈이가 심각한 얼굴로 주위를 살피며 말했다.

"그러고 보니 급식실 소동 이후로 라엘이는 급식실에 안 가고 있어. 점심시간이 끝날 무렵에야 어슬렁거리며 교실에 나타나지. 벌써 며칠째인데 아무도 라엘이가 어디에서 무얼 하는지 궁금해하지 않았어. 관심조차 두지 않았지."

"우리!"

소율이가 세라와 훈이의 팔을 덥석 잡았다.

"라엘이 찾아보자!"

"밥 안 먹고?"

훈이가 두 눈을 휘둥그레 떴다.

"라엘이도 밥 안 먹잖아."

소율이의 말에 세라와 훈이는 고민스러운 얼굴로 서로를 보았다. 그러고는 곧 알겠다며 소율이를 향해 고개를 돌렸다. 세라와 훈이도 라엘이가 궁금해진 모양이었다. 소율이는 세라와 훈이를 데리고 6학년 교실이 있는 별관 현관으로 나왔다.

"각자 흩어져서 라엘이를 찾아보자. 먼저 찾는 사람이 연락하기. 알았지?"

소율이가 스마트폰을 들어 보였다. 세라와 훈이가 비장하게 고개를 끄덕였다. 그러고는 본관과 운동장 쪽으로 흩어졌다. 소율이는 어디로 가 볼지 생각하다가 별관 뒤쪽으로 걸음을 옮겼다. 별관 뒤에는 자그마한 농원이 꾸며져 있었는데 아이들의 왕래가 그리 잦지는 않았다.

"여기는 없을 것 같긴 한데……."

농원에 들어서며 소율이는 혼잣말했다. 소율이 눈앞에 한껏 덩굴이 오른 등나무가 보였다. 그 옆으로 고추, 오이, 방울토마토 등이 싱그럽게 자라고 있었고, 뒤로는 큼지막한 토끼장이 있었다. 작년에 학생회에서 없애자고 캠페인까지 벌였던 토끼장이다. 학교 농원에 갇힌 토끼가 가엾다는 이유에서였다. 하지만 교감 선생님은 완강했다. 그나마 농원에 아이들이 들락거리는 건 토끼장이 있어서라고 했다. 소율이가 언뜻 보니 토끼장 앞에는 아무도 없었다. 어, 아니다. 토끼장 앞에 라엘이가 있었다.

"이라엘!"

소율이가 큰 소리로 라엘이를 불렀다. 라엘이가 흘깃 뒤를 돌아보더니 캑캑거리기 시작했다.

"야!"

소율이가 잽싸게 라엘이 곁으로 다가갔다. 라엘이가 크림빵을 한 손에 든 채 주먹으로 가슴을 팡팡 두드리며 캑캑

거렸다.

"야, 왜 그래?"

소율이는 손을 쫙 펼쳐 라엘이의 등을 두드렸다. 라엘이의 캑캑거림이 잦아드는 듯싶었다.

"괜찮아?"

"너 뭐야!"

라엘이가 얼굴을 구기며 성질을 냈다.

"너야말로 여기에서 뭐 하는 거야?"

라엘이는 무안한 듯 큼큼거리며 고개를 돌렸다.

"급식 안 먹는다더니 혼자서 빵 먹고 있는 거야?"

소율이가 친근하게 물었다. 라엘이는 고개를 돌린 채 꿈쩍도 하지 않았다. 소율이에게 혼자 빵 먹는 모습을 보인 게 창피한 듯 보였다.

"빵을 먹더라도 우리랑 같이 먹으면 좋잖아. 왜 여기서 혼자……."

소율이는 라엘이가 왜 드나드는 아이도 별로 없는 농원의 토끼장 앞에서 청승맞게 빵을 씹고 있었을까 싶었다. 우유나 물도 없이 말이다.

"파티 때문에 내가 어쩔 수 없이 필요한 모양이지?"

라엘이가 토끼장을 쳐다보며 삐딱하게 말했다.

"야, 네가 단단히 오해하고 있나 본데……."

"너희들 나한테 관심도 없잖아. 안 그래?"

라엘이가 소율이의 말을 끊으며 몸을 돌렸다. 순간 라엘이의 눈에서 눈물이 뚝 떨어졌다. 깜짝 놀란 소율이가 멍하니 라엘이를 보았다. 라엘이는 얼굴을 감추고 번개처럼 농원을 빠져나갔다. 라엘이가 서 있던 자리에 더운 바람이 맴돌았다. 흰색, 갈색 토끼 두 마리가 두 눈을 슴벅이며 소율이를 올려다보았다.

달라도 너무 달라!

라엘이가 소율이를 피해 운동장 스탠드 한쪽에 틀어박혀 있으려는데, 이번에는 훈이가 나타났다.

"이라엘, 한참 찾아다녔잖아!"

순간 라엘이는 훈이를 향해 손을 흔들 뻔했다. 솔직히 라엘이는 훈이가 반가웠다. 며칠 동안 외진 곳에서 혼자 보낸 시간은 심심하고 조금은 무섭기도 했다. 하지만 갑작스럽게 마음을 드러내기 부끄러웠던 라엘이는 관심 없는 척 몸을 돌렸다.

"이라엘, 여기 있었네?"

세라의 목소리가 끼어들었다. 라엘이는 세라의 목소리

가 들리는 쪽으로 고개를 돌렸다. 세라 뒤로 소율이가 보였다. 라엘이는 자리에서 벌떡 일어났다. 소율이 앞에서 눈물을 보인 게 떠올랐다.

"우리, 먹으면서 얘기하자!"

소율이가 매점에서 산 빵 네 개와 우유 세 개를 내밀었다.

"우리 둘 용돈 탈탈 턴 거야."

세라가 빵과 우유를 잡고는 앉을 자리를 찾았다. 그러고는 회색 빛 스탠드 바닥에 털썩 앉았다. 소율이는 남은 빵과 우유를 스탠드에 놓고 훈이 옆에 앉았다. 훈이는 어느새 빵을 꺼내 먹기 시작했다.

"너희들 뭐 하는 거야?"

라엘이가 물었다.

"세라야, 우유는 하나 모자라니까 나랑 나눠 먹자."

소율이가 세라에게 말을 붙였다. 세라는 환한 얼굴로 고개를 끄덕였다. 훈이는 목이 메었는지 우유를 벌컥벌컥 마셨다. 라엘이는 잠시 멈칫거렸다. 같은 모둠 아이들이 몰려온 걸 보면 기어이 라엘이와 방학맞이 파티 이야기를 하려는 듯했다. 하지만 라엘이는 아직 어떻게 해야 좋을지 알 수 없었다. 급식실 소동 이후로 라엘이는 자신을 스스로 투

명막 한가운데에 가둔 것처럼 행동했다. 누구에게도 곁을 내어 주지 않았다. 그런데 이렇게 갑자기 아무 일도 없던 것처럼 아이들 사이에 끼어들어도 될까 싶었다.

"빨리 먹어."

소율이가 빵을 쩝쩝거리며 라엘이를 보았다. 라엘이는 스탠드에 놓인 빵을 보았다. 크림빵이었다. 얼굴이 훅 달아올랐다. 이 자리에서 피하고만 싶었다. 그때 세라가 라엘이 손에 빵을 쥐여 주었다. 소율이는 얼른 우유 팩을 열어 라엘이 옆에 놓았다.

"그냥 같이 좀 하자고."

소율이가 나긋하게 말을 던졌다. 라엘이는 더 이상 고집을 부리면 안 될 것 같았다. 선생님도 다른 사람의 말에 귀를 기울여 보라고 했다. 그냥 모르는 척 낄지 말지 고민한 끝에 라엘이는 무심한 척 소율이에게 등을 돌리고 앉았다.

"우리, 음식은 뭐로 준비할까?"

세라가 명랑하게 질문을 던졌다.

"승혁이네는 컵 과일 준비한대."

"역시 회장네는 빠르네."

훈이의 말을 소율이가 가볍게 받았다.

"예지네도 정한 것 같던데?"

세라가 다른 모둠 이야기를 꺼냈다. 그쪽 모둠은 쿠키를 구워 온다고 했다.

"교실에서 같이 만드는 거 아니었어?"

소율이가 물었다. 라엘이는 아이들을 향해 슬며시 고개를 돌렸다. 아무렇지 않은 듯 떠들어 대는 말들이 라엘이의 마음에 닿았다.

"쿠키 위에 꾸미는 것만 교실에서 할 거래."

"그럼 우리는 김밥 만들까?"

소율이가 제안하는 순간 라엘이의 얼굴이 일그러졌다. 예전에 뉴질랜드로 떠나던 날 밤, 공항 근처에서 먹었던 차고 텁텁했던 김밥이 떠올랐다.

"김밥을 교실에서 만들자고?"

세라가 두 눈을 동그랗게 떴다. 세라도 김밥이 싫은 듯 보였다.

"재료는 집에서 각자 준비해 오고, 교실에서는 만들기만 하면 되지."

소율이 목소리가 하늘하늘 날았다. 소율이는 자기가 생각해 낸 메뉴가 마음에 쏙 드는 듯했다.

"양념한 밥에 김만 둘러도 되겠다, 꼬마김밥처럼!"

훈이도 목소리를 훌쩍 띄웠다.

"그럼 밥을 좀 다양하게 준비해 오는 거 어때?"

세라까지 합세했다. 이대로 있다가는 꼼짝없이 김밥을 만들어야 할 판이었다.

"야, 김밥이면……."

라엘이가 입을 열었다. 아이들 눈길이 동시에 라엘이에게 쏠렸다. 라엘이에게 꽤 신경을 쓰고 있는 듯했다. 라엘이는 헛기침하고 말을 이었다.

"흠흠, 밥을 새까만 종이 같은 것에 싸 먹는 거 아니야?"

"뭐? 종이? 하하하!"

소율이가 입안의 빵이 다 보이도록 크게 웃어 댔다.

"김은 바다에서 나는 해조류인데 우리 몸에 아주 좋은 식품이야."

훈이가 마치 어른이라도 되는 것처럼 점잖게 말했다. 라엘이는 홰홰 도리질했다. 아이들이 눈을 휘둥그레 뜨고 라엘이를 보았다. 왜냐고 묻는 눈빛이었다.

"싫어!"

라엘이는 짧게 답했다.

"왜에?"

소율이가 목청을 키웠다.

"입에 들러붙고, 냄새도 나."

라엘이는 잔뜩 찌푸린 얼굴로 이유를 밝혔다.

"네가 맛없는 김을 먹었나 본데……."

소율이가 라엘이를 설득하려 들었다. 라엘이는 설득당하고 싶지 않았다. 처음이자 마지막으로 먹은 그날의 김밥은 최악이었다. 라엘이는 결국 자리에서 발딱 일어났다.

"너희들끼리 해. 나는 싫어."

"아직 결정된 건 아니야!"

세라가 몸을 일으켜 라엘이를 잡았다. 불끈 화가 오른 라엘이가 소율이를 한 번 흘기고 운동장 쪽으로 고개를 돌렸다. 그새 점심을 먹고 나온 아이들이 운동장에 가득했다. 지난 며칠 동안 라엘이의 눈에 익은 풍경이었다.

12시 40분 무렵부터 1시까지 20분간 전파초 6학년 아이들은 운동장에 나와 공을 차거나 군데군데 모여 앉아 수다를 떨었다. 그중에는 라엘이처럼 스탠드에 나란히 앉아 스마트폰을 들여다보는 아이들도 있었다. 그럴 때면 라엘이는 민망했다. 아직 스마트폰이 없어서였다. 뉴질랜드에 살

때는 스마트폰이 없는 게 너무나 자연스러웠는데, 이곳에 와서 또래 아이들을 보니, 라엘이도 스마트폰을 사야 하나 싶을 정도로 필수품인 것 같았다.

"넌 뭘 만들고 싶은데?"

세라의 목소리가 부드럽게 스몄다.

"뭘 만들고 싶어?"

훈이도 물었다. 라엘이 머릿속에 문득 파블로바가 떠올랐다. 머랭 쿠키에 카스텔라를 두르고 생크림과 각종 과일을 올려서 먹는 파블로바는 뉴질랜드에서 엄마와 함께 종종 만들어 먹던 음식이었다. 일이 잘 풀리지 않을 때 한 번씩 먹으면 답답했던 마음이 사르르 녹았다. 라엘이는 지금 파블로바가 먹고 싶었다.

"파블로바."

"뭐라고?"

곧장 물음표가 날아들었다. 라엘이는 몸을 돌려 모둠 아이들을 바라보았다. 이곳의 아이들에게 파블로바는 낯선 음식인 듯했다.

"뉴질랜드식 케이크야. 카스텔라랑 머랭 쿠키에 생크림을 올려서······."

"그럼 엄청나게 달겠다!"

세라가 걱정스레 말했다. 옆에서 소율이가 말을 붙였다.

"다른 모둠에서도 다 단 걸 갖고 오는데, 우리라도 건강하게 먹을 수 있는 걸 갖고 오자. 김이 싫으면 두부나 아몬드, 멸치 같은 건……."

만들고 싶은 게 뭐냐고 묻더니, 아이들이 자신의 의견을 받아들이지 않자 라엘이는 왈칵 화가 솟았다.

"단 걸 갖고 오면 왜 안 되는데?"

라엘이가 소리를 높였다.

"단 음식을 많이 먹으면 건강에 좋지 않잖아. 그건 상식이야!"

소율이가 파르르 몸을 떨었다.

"건강에 좋은 음식만 가지고 오라고 한 것도 아니잖아?"

라엘이도 물러나지 않았다.

"그래도 머랭 쿠키에 카스텔라라니. 그거 먹다가 목이라도 막히면……."

"김밥도 목 막히거든!"

라엘이가 빽 소리쳤다.

"얘들아, 잠깐만……."

세라가 라엘이와 소율이 사이로 끼어드는데 예비종이 울렸다. 그새 점심시간이 끝나 버린 것이다.

"어떻게 만드는지 알지도 못하는 음식을 어떻게 갖고 오자는 거야?"

소율이가 구시렁거리며 몸을 돌렸다. 라엘이가 소율이를 향해 크게 외쳤다.

"나도 김밥 어떻게 만드는지 모르거든?"

"배우면 되잖아!"

소율이가 눈을 사납게 치떴다.

"너희도 배우면 되잖아. 왜 꼭 나만 너희들 의견에 맞춰야 해?"

라엘이가 허리춤에 두 손을 얹고 소리를 질렀다.

"그건 너무 단 음식이라 진짜 진짜 싫다고!"

소율이가 얼굴을 벌겋게 달구며 악을 썼다. 소율이는 물러설 기미를 보이지 않았다. 악악거리며 자기 의견만 고집하려 들었다. 그건 라엘이도 마찬가지였다.

그러는 새에 5교시 시작종이 울렸다. 하지만 아이들은 아직 별관 현관 입구였다.

"라엘아, 우리 차근차근······."

세라가 라엘이를 설득하려 들었다. 옆에서 훈이는 라엘이를 빤히 쳐다보았다. 라엘이는 세라도, 훈이도 결국은 소율이 편이라고 느꼈다.

"If you're going to do whatever you want, leave me out!(네가 하고 싶은 대로 다 할 거면, 나는 빼!)"

라엘이가 소리를 치고는 퉁탕거리며 계단을 올랐다.

"쟤 뭐라는 거야?"

소율이가 짜증이 덮인 얼굴로 라엘이를 노려보더니 뜨거운 콧김을 팡팡 쏟아 내며 교실로 향했다. 세라와 훈이는 길게 한숨을 뱉었다. 방학맞이 파티까지 며칠 남지도 않았는데 세라와 훈이네 모둠은 아무것도 결정하지 못하고 또 하루가 지났다.

두 친구의 공통점

아파트 놀이터 뒤쪽 정자에 훈이와 세라, 둘만 남았다. 조금 전까지 나란히 앉아 있던 소율이가 씩씩거리며 자리를 박차고 가 버렸다. 어떻게든 라엘이의 마음을 돌려서 파티를 준비해 보자고, 이야기를 나누려던 참이었다.

"너희는 파블로바인가 뭔가, 그게 먹고 싶어?"

소율이는 라엘이에게 화가 나서 견디기 어려운 듯 몰아치며 말했다.

"라엘이는 그게 먹고 싶다잖아."

훈이가 소율이 말에 반박했다. 소율이의 눈초리가 사납게 치솟았다.

"자꾸 싸우려 들지 말고 차분하게 얘기를 해 보자."

세라가 자분자분 말을 뱉었다.

"걔가 얘기를 안 하려고 하잖아!"

소율이는 세라의 말도 똑 잘라 버렸다.

"기소율, 너도 지금 네 말만 하고 있잖아."

훈이가 짐짓 엄한 얼굴로 말했다.

"내가? 내가 그랬다고?"

소율이는 어이없다는 듯한 표정으로 세라를 보았다.

"우리가 너무 우리 상황에서만 얘기한 것 같기는 해."

세라가 조심스럽게 말했다. 소율이는 팔짱을 끼며 얼굴을 실룩거렸다.

"혼자 울고 있길래 좀 달라질까 기대했는데……."

"뭐라고?"

소율이의 혼잣말이 잘 들리지 않았던 훈이가 살짝 목청을 키웠다. 그런데 소율이는 훈이가 화를 낸다고 생각했는지 빽 신경질을 부렸다.

"걔를 이해할 수 없다고!"

그러고는 팽 자리를 뜬 것이다.

"어떡하지?"

훈이가 혼잣소리하듯 물었다.

"우리 모둠만 아무것도 안 하면……."

세라도 심각한 얼굴로 땅바닥을 내려다보았다.

"너 오늘 회사 안 간댔지?"

갑자기 훈이 목소리에 힘이 들어갔다. 무언가 좋은 생각이 난 듯했다. 세라가 눈을 빛내며 훈이를 보았다.

"우리 파워 충전소에 가 보자!"

훈이의 말에 세라가 빙시레 미소를 지었다. 파워 충전소의 할아버지와 할머니라면 좋은 방법을 알려 줄 것 같았다. 세라는 자리에서 발딱 일어나 사뿐사뿐 걸음을 옮겼다.

"우아, 오늘은 세라와 함께 왔네?"

파워 충전소 문을 열어 주면서, 할아버지가 벙싯 웃었다. 할머니도 세라를 반갑게 맞이했다.

"소율이랑 싸웠어?"

할아버지가 짙은 자주색 주스를 내려놓으며 훈이에게 물었다. 훈이는 자주색 주스를 한 모금 삼켰다. 자그마한 알갱이가 씹혔다.

"아뇨. 그런데 이건 뭐로 만든 거예요?"

"백년초랑 석류를 갈아 만들었단다. 맛이 어떠냐?"

할아버지가 두 눈을 반짝였다. 역시나 할아버지의 음식은 건강하고 맛도 좋았다. 훈이는 곧장 엄지손가락을 들어 올렸다.

"우리 반에서 방학맞이 파티를 하는데요……."

훈이는 할아버지에게 방학맞이 파티에 가져갈 음식을 배워 가고 싶었다. 그래서 주절주절 방학맞이 파티 이야기를 늘어놓았다.

"몸에도 좋고, 맛도 좋고, 간단하게 만들어 먹을 수 있는 음식이라면……."

훈이의 말을 듣고 할아버지는 바로 머리를 굴리기 시작했다. 말없이 주스만 마시던 세라가 입을 열었다.

"사실 음식이 중요한 게 아니에요. 같은 모둠에 전학생이 있는데요, 개랑 소율이랑 사이가 너무 안 좋아요!"

세라가 소율이와 라엘이의 문제를 끄집어냈다. 그러자 훈이도 곧 심각한 얼굴로 라엘이 이야기를 이었다.

"이러다가 저희 모둠만 아무것도 못 할지도 몰라요!"

훈이가 울상을 지었다.

"전학생 라엘이가 아래 골목 끝 집 아이 맞지요?"

할머니가 할아버지에게 물었다. 할아버지는 그런 것 같다며 고개를 끄덕였다.

"할아버지랑 할머니도 라엘이를 아세요?"

훈이와 세라의 목소리가 훌쩍 커졌다. 라엘이를 알고 있다면 이야기를 나누기에 훨씬 편할 것 같았다.

"어떻게 하면 소율이랑 라엘이를 설득해 함께 준비할 수 있을까요?"

훈이가 또박또박 목소리에 힘을 넣으며 물었다. 그런데 할아버지와 할머니는 훈이의 질문에 답은 하지 않고, 벙싯벙싯 웃으며 그저 훈이와 세라를 쳐다볼 뿐이었다.

"왜 그렇게 쳐다만 보세요?"

보다 못해 세라가 물었다. 할아버지가 미소를 띤 채 입을 뗐다.

"진지하게 모둠 친구들을 걱정하는 너희들의 모습이 참 보기 좋아서."

"아……!"

훈이는 부끄러운 듯 미소를 지으며 세라를 슬쩍 보았다. 세라도 훈이와 비슷한 낯빛이었다.

지금까지 훈이는 친구들의 말에 이렇다 저렇다 의견을

내기보다 묵묵히 따라가는 편에 속했다. 세라는 자기 자신의 상황을 고민하고 처리하느라 바빠 친구들의 일에는 신경 쓸 겨를이 없었다. 그런데 오늘은 소율이와 라엘이의 문제를 심각하게 고민하며 함께 해결하기 위해 직접 나선 것이다. 훈이와 세라의 마음에 뿌듯함이 차올랐다. 빙그레 미소가 피어났다. 무언가 일이 잘 해결될 것 같았다.

"너희 넷이 함께할 수 있는 걸 찾는 게 좋은데, 그러기에는 시간이 너무 없지?"

할아버지의 물음에 훈이와 세라가 고개를 끄덕였다.

"소율이랑 라엘이 둘 다 좋아하는 건 없을까?"

이번에는 할머니가 물었다. 훈이는 한쪽 손으로 턱을 괴었고, 세라는 두 눈을 슴벅거렸다. 할머니의 물음에 적당한 답을 찾아내고 싶었다.

"두 사람 모두 좋아하는 걸 찾아서 해 보는 건 어떨까?"

"되도록 몸을 쓰며 노는 것이면 좋겠구나. 몸을 움직이며 땀 흘리고 놀다 보면 아무래도 더 쉽게 마음을 열 수 있을 테니 말이야."

할아버지가 할머니 말에 의견을 붙였다. 훈이와 세라는 곧장 소율이와 라엘이에게 좋아하는 놀이가 뭔지 물어보기로 했다.

나야 좋아하는 것 엄청 많지! 맛있는 것 먹기, 수다 떨기, 맨손 운동!

소율이는 훈이의 메시지에 곧장 답을 보내왔다. 훈이도 잘 알고 있는 내용들이었다.

"얘 요즘 축구도 좋아하던데······."

훈이의 말이 끝나기 무섭게 또 스마트폰에 메시지가 들어왔다.

축구! 축구도 좋다! 같이 하게?

팽 토라져 가 놓고는 훈이의 물음에 신바람이 난 것 같았다. 이제 라엘이만 끌어들이면 될 것 같았다.

"라엘이한테는 어떻게 물어보지?"

파워 충전소를 나서며 세라가 물었다. 라엘이에게는 스마트폰이 없었다.

"아래 골목 끝 집이랬으니까 직접 가 보자!"

훈이가 적극적으로 나섰다. 세라는 얼른 훈이의 뒤를 쫓았다.

파워 충전소 아래 골목 끝 집 가까이에 다다랐을 때였다.
탕, 탕, 탕!
어딘가에 공 같은 것이 부딪치는 소리가 들렸다. 끝 집이었다. 훈이는 잽싸게 끝 집으로 다가갔다.

대문 안, 좁다란 시멘트 마당에서 라엘이가 탕, 탕 공을 튕기고 있었다. 축구공도, 농구공도, 배구공도 아닌 양쪽 끝이 갸름한 공이었다.

"그거 무슨 공이야?"

훈이가 살그머니 대문을 열고 슬쩍 물음을 던졌다. 라엘이가 화들짝 놀라며 갸름한 공을 끌어안았다.

"럭비공이네, 그렇지?"

세라가 훈이 뒤로 불쑥 고개를 들이밀었다.

"아, 럭비공이구나."

훈이가 능청맞게 대답하며 마당으로 들어섰다. 라엘이가 두 눈을 삐뚜름하게 뜬 채 훈이와 세라를 쳐다보았다. 눈에 경계하는 빛이 가득했다.

"너 럭비 잘해?"

세라가 상냥하게 물었다. 라엘이는 입을 꾹 다물었다. 갑자기 나타난 훈이와 세라 때문에 적잖이 당황한 모양이었다. 세라는 당연히 그럴 수 있겠다 싶었다.

"훈이랑 파워 충전소에 왔다가……."

세라가 입을 열었다. 그러고는 슬쩍 훈이를 돌아보았다. 훈이가 고개를 주억거리며 말을 이었다.

"근데 고, 공 튀기는 소리가 들려서……."

"맞아, 공! 우리도 공놀이를 좀 할까 했거든."

세라가 어색하게 말을 받았다. 훈이는 곁눈으로 세라를 살피고는 속으로 도리질했다. 연기를 배우고 있는 아이가 이렇게 연기를 못하면 어쩌나 싶었다.

"럭비 할 줄 알아?"

라엘이가 아주 약간 경계심을 풀어냈다.

"할 줄은 모르지만 가르쳐 주면 금방 할 수 있어."

훈이가 큰소리를 치며 라엘이에게 다가갔다. 라엘이는 공을 쥔 채 고개를 저었다.

"여기에서는 못 해. 공을 끌어안고, 상대 선수들을 피해서 상대 팀 골대에 공을 찍어야 하거든."

라엘이가 럭비의 방식을 간단하게 설명했다.

"나 그거 텔레비전에서 본 적 있어. 선수들끼리 엄청나게 부딪치던데?"

세라가 하늘하늘 목소리를 날렸다. 라엘이가 히죽 웃으며 고개를 끄덕였다. 럭비를 꽤 좋아하는 눈치였다.

"너는 럭비 잘해?"

훈이의 물음에 라엘이가 럭비공을 물끄러미 바라보더니 입을 열었다.

"뉴질랜드에서는 정말 자주 했어."

"와, 정말? 어떻게?"

세라가 반색하며 물었다.

"학교에 학년별로 럭비부가 있었어. 뉴질랜드 사람들은 럭비를 진짜 좋아하거든."

라엘이의 목소리에 신바람이 들었다.

"와, 그럼 넌 럭비 진짜 잘하겠다!"

훈이가 살랑살랑 목소리를 날려 라엘이를 칭찬했다. 라엘이가 싱긋 웃었다.

"우리도 해 볼 만한 공간이 없을까?"

세라가 주위를 두리번거렸다. 라엘이가 한껏 흥이 오른 목소리로 말을 붙였다.

"응! 한국에 온 뒤로 럭비를 하고 싶어서 장소를 찾아봤는데 마땅한 데가 없더라. 대신 키오라히는 할 수 있을 것 같은데!"

"키오라히?"

훈이와 세라는 두 눈을 말똥거리며 라엘이를 보았다.

"럭비랑 비슷하긴 한데 선수들끼리 막 밀거나 부딪치면서 하는 건 아니고, 공을 가볍게 던지면서 목표물을 맞히는 게임이야."

"오, 그건 좀 간단히 해 볼 수 있겠다!"

훈이가 라엘이의 말을 적극적으로 받았다.

"이건 뉴질랜드 원주민들이 하던 놀이에서 시작된 거라 이런 공이 없어도 돼."

라엘이가 한껏 흥을 내며 설명했다.

"그럼 우리 모둠은 방학맞이 파티 오락 시간에 키오라히를 하자고 할까?"

세라가 방학맞이 파티 이야기를 꺼냈다. 순간 라엘이가 입을 삐죽 내밀었다. 낮에 있었던 일이 떠오른 모양이었다.

"선생님이 모둠별로 먹을거리랑 놀거리를 생각해 오라고 하셨잖아."

훈이가 라엘이의 눈치를 살피며 세라의 말에 힘을 실었

다. 고민스러운 듯 눈동자를 굴리던 라엘이가 입술 끝을 올리며 물었다.

"너희들이 같이 해 줄 거야?"

훈이와 세라가 곧장 고개를 끄덕였다. 라엘이가 바로 집으로 들어가더니 한 손에 쏙 들어오는 자그마한 고무공을 갖고 나왔다. 그러고는 당장 해 보자고 했다. 훈이와 세라는 라엘이와 함께 집 앞 골목으로 나왔다. 좁은 골목에서도 키오라히는 문제없이 할 수 있었다. 소율이도 분명히 좋아할 것 같았다.

진짜 안 맞아!

2교시 수업이 끝나고 20분간 마련된 중간 놀이 시간이 되었다. 훈이, 세라, 라엘이가 소율이를 둘러싸고 앉았다. 훈이와 세라 옆에서 눈을 빛내는 라엘이를 보며 소율이는 눈썹을 찌푸렸다.

"이게 지금 뭐 하는 꿍꿍이지?"

소율이의 목소리에 경계가 가득했다.

"일단 방학맞이 파티 때 할 놀이를 얘기해 보자."

세라가 가볍게 목소리를 날렸다. 옆에서 훈이와 라엘이가 고개를 끄덕이며 미소를 지었다.

"너희끼리는 이미 얘기가 된 것 같은데?"

소율이가 눈을 갸름하게 뜨고 빙 둘러앉은 아이들을 살폈다. 훈이가 해죽 웃었다.

"너, 축구 좋아하잖아!"

훈이의 말에 소율이는 곧장 고개를 끄덕였다. 하지만 문제가 있었다. 선생님은 교실에서 반 아이들과 함께 놀 만한 것을 생각하라고 했다. 축구를 한다면 반 아이들을 데리고 운동장으로 나가야 할 것이다. 먹을 것을 교실에 펼쳐 둔 채 말이다. 소율이가 걱정스레 말했다.

"교실에서 축구를 할 수는 없잖아!"

"그래서 생각해 봤는데, 라엘아! 그게 뭐라고 했지?"

세라가 라엘이에게 물음을 던졌다.

"키오라히!"

라엘이가 넙죽 대꾸했다.

"키오……? 그게 뭔데?"

소율이가 삐뚜름한 눈으로 라엘이를 보았다.

"목표물을 정한 다음, 같은 팀끼리 공을 던져서 목표물을 맞히는 게임이야."

"같은 팀끼리? 다른 팀은?"

라엘이의 설명에 소율이는 고개를 까딱 기울였다.

"다른 팀 애들은 상대 팀 애들끼리 공을 주고받지 못하도록 팔을 뻗어서 방해하는 거지."

훈이가 얼른 나서서 설명을 붙였다. 그래도 소율이는 심드렁했다.

"어제 라엘이네 집 앞 골목에서 한번 해 봤는데 꽤 재미있었어."

세라가 해사한 얼굴로 소율이를 보았다. 소율이는 눈을 크게 뜨고 세라를 보았다. 운동을 크게 좋아하지 않는 세라가 재미있다고 하니 귀가 솔깃했다. '한번 해 볼까?' 하고 호기심이 피어올랐다. 하지만 놀이의 규칙은 여전히 이해하기 어려웠다.

"손으로 하는 축구라고 생각하면 돼."

"그걸 교실에서 할 수 있겠어?"

훈이의 말에 소율이가 새치름하게 물었다.

"뉴질랜드에서는 교실이건 복도건 어디서든 다 했어!"

라엘이가 환한 얼굴로 목청을 높였다. 신나 보였다.

"그럼, 한번 해 봐."

소율이의 말이 끝나기 무섭게 라엘이는 가방에서 자그마한 공을 꺼냈다. 그러고는 교실 뒤쪽으로 나가려는데 수업 시작종이 울렸다. 중간 놀이 시간이 끝나고, 3교시 수업이 시작될 참이었다.

"이따 점심시간에 해 보자."

라엘이가 기세등등하게 말했다. 소율이는 고개를 까딱하고 선생님을 향해 몸을 돌렸다. 3교시에 이어 4교시 수업까지 무난하게 지나갔다. 라엘이는 오늘도 급식실에 가지 않았다.

"라엘이랑 어떻게 친해진 거야? 집까지 가고?"

점심을 먹으며 소율이가 훈이에게 물었다. 훈이는 파워충전소 할아버지와 할머니에게 조언을 들었다고 했다. 소율이는 어제, 훈이가 보냈던 메시지를 떠올렸다. 갑자기 좋아하는 놀이가 뭐냐고 물었을 때 이상하다 싶기는 했다. 어쨌든 모두가 함께 이야기를 나눌 수 있게 되어 다행이라고 생각했다.

서둘러 점심을 먹고 소율이는 훈이, 세라와 함께 교실로 돌아왔다. 비슷하게 라엘이도 교실로 들어섰다. 점심시간 끝 종이 울려야 얼굴을 비치던 라엘이가 확실히 달라졌다.

"키, 어쩌고 그거 해 보자."

소율이가 뒷문 앞에 섰다. 라엘이는 한 손에 쏙 들어오는 작은 공을 쥐고, 창가에 섰다.

"훈이랑 나랑 같은 편! 세라랑 소율이가 내 공을 막아. 목표물은……."

"뒷문으로 하자!"

라엘이 말에 훈이도 목청을 키웠다. 소율이는 뒷문에서 한 발짝 떨어져 섰다. 공으로 맞춰야 한다니 공간을 조금 만들어 둬야 할 것 같았다. 세라는 라엘이 앞으로 바짝 다가갔다. 훈이는 세라 뒤쪽에 섰다. 그러는 새 반 아이들도 하나둘 교실로 돌아오기 시작했다.

"시작!"

뒷문 앞에서 소율이가 외쳤다. 라엘이가 공을 쥐고 훈이와 눈을 맞췄다. 훈이가 팔을 번쩍 들어 올렸다. 공을 달라는 신호 같았다. 그런데 라엘이가 허리를 반쯤 숙이고는 뒷문을 향해 달렸다.

"앗!"

라엘이 앞을 가로막고 있던 세라가 라엘이의 어깨에 부딪혀 엉덩방아를 찧었다.

"세라야!"

소율이가 세라에게로 몸을 돌렸다. 그와 거의 동시에 라엘이는 뒷문을 향해 휙 공을 날렸다.

"아야!"

같은 반 예지가 교실에 들어서다가 라엘이가 던진 공에 가슴을 맞았다. 예지는 가슴을 끌어안은 채 그대로 주저앉았다.

"너희들 교실에서 뭐 하는 거야?"

회장 승혁이가 빽 소리를 질렀다.

"아, 그, 그게 말이지……."

훈이가 라엘이 곁으로 다가오며 얼굴을 붉혔다.

"이게 키오라히라는 놀이인데……."

라엘이는 순한 얼굴로 놀이 방식을 설명하려 들었다. 순간 예지가 라엘이 앞으로 사납게 다가왔다.

"사람이 다칠 뻔했는데 이게 놀이라고?"

"아, 미안……."

"너는 지난번에 급식실에서도 그러더니, 왜 매번 다른 사람을 곤란하게 하냐?"

예지가 얼굴을 구기며 버럭 성을 냈다. 라엘이의 사과는 예지의 고함에 묻혔다.

"예지야, 라엘이가 일부러 그런 게 아니라……."

"일부러 그런 게 아니면 맞아도 괜찮아야 해?"

세라가 라엘이를 편들어 주려는데 예지는 세라의 말도 듣지 않았다.

"점심시간에 교실에서 공놀이한 건 잘못이야. 게다가 반 친구가 다칠 뻔했잖아."

승혁이가 점잖게 라엘이를 타이르고는 예지에게 괜찮냐고 물었다. 예지는 매섭게 라엘이를 쏘아보고는 휙 돌아 자리로 가 버렸다.

"넌 괜찮아?"

소율이가 세라에게 물었다. 세라도 딱딱한 바닥에 엉덩이를 부딪쳤다. 세라는 고개를 끄덕이며 라엘이를 보았다.

"라엘아, 아무래도 키오라……."

훈이가 라엘이에게 말을 붙이려는 순간이었다.

"너희도 재미있다고 했잖아. 같이 하겠다고 했잖아."

라엘이의 목소리에 원망이 담겼다.

"아, 그렇지만……."

"이렇게 위험한 놀이는 하면 안 돼."

훈이가 어물거리는데 승혁이가 나섰다. 사납고 단단한

목소리였다.

"그러면 교실에서는 스마트폰이나 들여다봐야 해?"

라엘이가 승혁이를 향해 소리를 높였다.

"교실에서는 그게 낫지."

승혁이는 두 눈에 바짝 힘을 넣었다.

"으, 여럿이 모여 앉아서 스마트폰 들고 게임이나 하고 있는 거, 진짜 괴상해!"

라엘이가 고래고래 소리를 질렀다. 까딱하다가는 반 전체 아이들과 라엘이의 사이가 벌어질 것 같았다. 소율이는 얼른 라엘이 앞으로 다가섰다.

"라엘아, 아무튼 이 놀이는 위험한 것 같으니까……."

"나는 빈 곳이 있어서 달려간 것뿐이야."

라엘이가 소율이의 말을 툭 끊었다.

"그래도 세라가 넘어지고 예지도 공에 맞았잖아!"

소율이의 목소리도 라엘이만큼이나 커졌다. 라엘이가 입을 불뚝 내밀며 세라를 바라보았다.

"어제는 잘했는데……."

라엘이는 여전히 억울한 듯 보였다. 소율이는 그 모습에 기가 막혔다.

"어제는 어제고, 오늘은 오늘이지."

소율이가 따졌다.

"I can't talk to you!(너랑 말이 안 통해!)"

라엘이가 또 영어를 꺼냈다. 소율이랑 말하기 싫으면 영어를 내미는 것 같았다.

"야, 나도 그 정도 영어는 알아듣거든?"

소율이가 빽빽거렸다. 훈이가 소율이를 말렸다. 세라는 길게 한숨을 내쉬며 도리질을 했다.

"I'm done, too!(나도 이제 안 해!)"

라엘이는 또 영어를 날리고 교실을 빠져나갔다.

"어떡해……."

세라가 교실 뒷문을 바라보며 얼굴을 찌푸렸다. 훈이는 뒷머리를 벅벅 긁으며 뒷문 앞에 떨어진 라엘이의 공을 집어 들었다.

"진짜 안 맞아!"

소율이가 퉁탕거리며 자리에 앉았다. 따스한 바람이 감도는 줄 알았던 소율이네 모둠에 막상 불어온 건 맹렬한 회오리바람이었다.

조화롭게 지내려면

 라엘이는 머리가 아팠다. 배도 아픈 것 같았다. 머릿속에 반 아이들의 성난 얼굴이 떠올랐다. 분명히 일어나야 할 시간이었지만 그러기 싫었다. 침대에서 한참을 뭉그적거리고 있는데 기어이 방문이 열렸다.
 "이라엘, 왜 이렇게 못 일어나?"
 "나 머리 아파……."
 라엘이는 침대에 누운 채 얼굴을 팍 일그러뜨렸다. 엄마가 다가와 라엘이 이마에 손을 얹었다.
 "열은 없는데?"
 "몰라. 배도 아프고……."

"이라엘, 혹시?"

엄마가 실눈을 뜨고 라엘이를 내려다보았다. 라엘이는 엄마가 무슨 생각을 하는지 알 것 같았다. 뉴질랜드에서도 라엘이는 학교에 빠지고 싶을 때마다 머리가 아프고, 배가 아팠다.

"왜 그러는데?"

엄마가 침대 끝에 걸터앉았다.

"진짜 아프다니까!"

라엘이는 얼굴을 찡그리며 신경질을 냈다. 엄마는 딱딱하게 굳은 얼굴로 말없이 라엘이를 바라보았다.

"내가 아프다고 하면 그냥 아프다고 생각해 주면 안 돼?"

라엘이가 기운이 빠진 목소리로 말했다.

"그러니까 왜 아프냐고."

엄마가 차분하게 목소리를 깔았다.

"휴우!"

라엘이는 한숨을 내쉬며 이불을 잡아끌었다. 머리끝까지 이불을 뒤집어쓰고 싶었다. 하지만 라엘이는 이불 안으로 숨지 못했다. 엄마가 이불 한쪽을 강하게 붙잡았다.

"혼자 끙끙거리지 말고, 얘기를 해. 그래야 어디가 어떻게 아픈지 엄마도 알 것 아니야?"

 엄마의 목소리가 그리 날카롭지 않았다. 라엘이는 엄마가 자기 마음을 알아주기를 기대하며 뚱한 얼굴로 엄마를 올려다보았다. 엄마가 얕게 한숨을 뱉었다.

 "그래서 오늘 학교 빠져야겠어?"

 라엘이는 자리에 누운 채 고개를 끄덕였다. 엄마는 영 마땅

치 않은 얼굴로 라엘이를 쳐다보다가 방에서 나갔다. 선생님에게 연락하려는 모양이었다. 라엘이는 이렇게라도 숨통을 틔워 주는 엄마가 고마웠다.

라엘이는 푸른 잔디가 깔린 운동장 한가운데에 누워 있었다. 사방에서 와글거리는 소리가 울렸고, 라엘이는 벌떡

일어나 불안한 눈으로 주위를 살폈다. 이윽고 한 무리의 아이들이 나타나 공을 던졌다.

휙.

라엘이 앞으로 공이 날아들었다. 이내 까르르 웃음소리가 들렸다. 공은 라엘이를 넘어 다른 아이의 손으로 들어갔다.

휘이익.

휘이익.

라엘이 머리 위로 이리저리 공이 날았다. 동시에 까르르거리는 웃음소리가 라엘이의 머릿속을 둥둥 울렸다.

"이라엘!"

엄마가 라엘이를 흔들었다. 라엘이는 두 눈을 크게 떴다. 아이들의 웃음소리와 라엘이를 어지럽히던 공이 순식간에 사라졌다. 까무룩 잠이 든 듯했다.

"엄마!"

라엘이는 엄마 품에 머리를 박았다.

"한동안 괜찮더니 왜 또 이러는 거야?"

엄마가 라엘이의 등을 토닥거렸다. 엄마도 알고 있었다. 뉴질랜드에서 학교에 다닐 때 라엘이는 마냥 행복하지 않았다. 특히 단짝이 전학을 간 뒤로 라엘이는 학교생활을 버거워했다. 그래서 한국에 오고 싶어 했고, 자기와 비슷하게 생긴 한국 아이들이 있는 학교에 다니고 싶어 했다. 전파초등학교로 전학을 앞두고 학교에서 공부할 것들을 미리 공부하면서 신바람까지 냈다. 그런데 보름도 지나지 않아 라엘이는 또다시 학교생활을 불편해하고 있었다. 엄마도 가슴이 답답했다.

"애들이랑 맞지 않아."

늦은 아침을 먹으며 라엘이는 엄마에게 마음속 돌덩이를 끄집어내어 보였다.

"뭐가 맞지 않는데?"

엄마가 라엘이를 보았다. 엄마 얼굴에서 무슨 말이든 다 들어줄 것 같던 너그러움이 사라졌다. 라엘이는 급식실에서 있었던 일부터, 어제 점심시간에 있었던 일까지 줄줄 풀어놓았다. 엄마의 얼굴이 갈수록 불편해졌다. 라엘이의 이야기가 마음에 들지 않는 듯했다.

"내가 잘못한 거야?"

라엘이가 따지듯이 물었다.

"아니, 그런 게 아니라……."

엄마는 말을 고르려는 듯 숨을 내쉬었다. 라엘이는 그런 엄마를 빤히 바라다보았다.

"아무래도 뉴질랜드와는 여러 가지 방식이 다를 테니까 일단은 여기 아이들이 하는 말을 차분하게 듣고, 왜 그러는지 생각해 가면서 네 의견을 천천히 얘기하면 어떨까?"

엄마가 조심스럽게 말했다. 하지만 라엘이는 확 짜증이 솟았다.

"엄마도 내 편이 아니네. 싫은 걸 무조건 하란 말이야?"

라엘이가 빽 소리쳤다.

"무조건 하라는 게 아니라……."

말하다 말고 엄마는 길게 한숨을 쉬었다. 라엘이는 아랫입술을 질끈 깨물었다. 엄마한테 괜히 말했다 싶었다.

"You're just like them!(엄마도 애들이랑 똑같아!)"

"이라엘! 한국에 와서는 한국말 쓰기로 했지?"

"No, I'm doing it my way!(싫어, 내 마음대로 할 거야!)"

소리를 지르고, 라엘이는 집을 뛰쳐나갔다. 자신을 이해하지 못하는 엄마와는 잠시도 마주하고 싶지 않았다.

"짜증 나!"

골목을 빠져나오며 라엘이는 바닥에 떨어져 있던 비닐

봉지를 발로 확 걷어 찼다. 시원하게 날아가는 걸 보고 싶었는데 비닐봉지는 엉뚱하게도 라엘이의 운동화를 감싸 버렸다.

"아, 진짜! 마음에 드는 게 하나도 없어!"

라엘이는 혼자 고함을 지르며 비닐봉지를 운동화에서 벗겨 냈다. 그러고는 비닐봉지를 휙 던졌다.

"아이고, 요즘에도 길거리에 쓰레기를 버리는 사람이 다 있네?"

낯선 목소리가 라엘이를 잡았다. 라엘이는 불뚝거리는 얼굴로 고개를 돌렸다. 파워 충전소의 할아버지와 할머니였다.

"제가 버린 거 아니거든요!"

라엘이는 퉁명스럽게 대꾸하고 몸을 돌렸다. 초록빛 산이 눈에 들어왔다. 또다시 파워 충전소 앞이었다.

"학교에 있어야 할 학생이 이 시간에 왜 여기에서 이러고 있누?"

할머니가 라엘이에게 말을 붙였다. 라엘이는 말없이 고개를 숙였다.

"우리 집 앞을 두 번이나 찾아온 것도 인연인데, 어때?

우리 집에 잠깐 들어가지 않을래?"

할아버지가 파워 충전소 앞에서 두 팔을 쫙 펼쳤다. 할아버지의 한쪽 손에는 장바구니가 들려 있었다.

"그러자꾸나. 마침 우리 둘이 파블로바를 해 먹을 참이었거든."

할머니의 입에서 튀어나온 익숙한 이름에 라엘이의 눈이 휘둥그레졌다.

"파블로바를 만들어 먹는다고요?"

"아무렴! 여기 재료도 사 왔는걸?"

할아버지가 장바구니를 활짝 열었다. 장바구니에는 하얀 설탕과 달걀, 생크림 그리고 샤인머스캣과 망고가 담겨 있었다. 파블로바 재료가 맞았다.

"파블로바를 만들 줄 아세요?"

라엘이의 목소리에 반가움이 담겼다. 할아버지가 벙싯 웃더니 파워 충전소의 문을 활짝 열었다. 문 앞에서 라엘이는 잠깐 망설였다. 한 번 마주친 적이 있기는 하지만 낯선 어른들이었다. 그런 사람들의 집에 무턱대고 들어가도 괜찮을까 싶었다. 어쩌면 순박해 보이는 이 어른들이 나쁜 사람들일 수도 있었다.

"허허허, 소율이랑 훈이가 우리 얘기 안 하던?"

할아버지가 뜬금없이 질문을 던졌다. 라엘이는 눈을 세모나게 뜨고 할아버지를 보았다.

"지금 네 얼굴에 의심이 가득해서 한 말이야."

할아버지가 나긋하게 말을 뱉더니 지갑에서 명함을 한 장 꺼냈다. 명함에는 '파워 충전소 이철민 소장'이라는 글자가 찍혀 있었다. 할머니는 '한미 소장'이라고 써 있는 명함을 라엘이에게 건넸다.

"소율이랑 훈이 또 세라랑 승혁이까지. 너희 반의 여러 아이가 이곳에서 파워를 충전받았단다."

할머니의 말을 들으며 라엘이는 급식실에서 들었던 이야기를 떠올렸다. 그때는 아이들이 떠들어 대던 바디 파워니 브레인 파워니 멘탈 파워 같은 이야기를 이상한 이야기라고 생각했다. 그런데 실제로 그런 파워들이 존재하는 모양이었다. 라엘이는 아주 조금 호기심을 느꼈다.

"잠깐 들어가서 파블로바도 같이 먹고, 이야기도 좀 나눠 보자."

할아버지가 다시 파워 충전소를 가리켰다. 어차피 지금 갈 곳도 없었다. 라엘이는 입을 앙다물고 파워 충전소로 들어섰다. 체육관처럼 넓은 마룻바닥이 드러났다.

"이 소장이 파블로바를 만들 때까지 우리는 여기에서 체조를 좀 해 볼까?"

할머니가 생긋 웃더니 스트레칭을 시작했다. 라엘이는 고민스러운 얼굴로 할머니를 보았다.

"마음이 어지러울 때는 몸을 좀 움직이는 게 좋아."

할머니가 편안한 투로 말을 붙였다. 라엘이는 고개를 끄덕이고 할머니를 따라 스트레칭을 시작했다. 30분 남짓 할머니와 이리저리 몸을 움직이다 보니 마음도 한결 가벼워지는 듯했다.

"자, 다 됐습니다!"

할아버지가 목청을 높였다. 동시에 달콤한 냄새가 코끝으로 들어왔다. 너무나 익숙한 파블로바 냄새였다. 라엘이는 잽싸게 식탁으로 달려갔다. 노란 망고와 초록 샤인머스캣이 하얀 크림 위에 푸짐하게 올라간 파블로바가 식탁 위에 놓여 있었다.

"와, 맛있겠다!"

라엘이의 목소리가 훌쩍 튀어 올랐다. 할아버지가 라엘이에게 포크를 건넸다. 라엘이는 포크로 파블로바를 푹 찔

렸다. 생크림이 덮인 카스텔라 안에 머랭 쿠키가 바삭하게 찍혔다.

"와, 할아버지! 진짜 맛있어요!"

라엘이가 싱글거리며 엄지손가락을 들었다. 할아버지가 허허 웃었다. 라엘이는 다시 파블로바에 포크를 갖다 댔다. 그런데 머랭 쿠키가 희한했다. 점박이 강아지처럼 하얀 바탕에 새까만 점이 촘촘하게 박혀 있었다.

"이 머랭 쿠키는 뭐로 만든 거예요?"

"그것만 따로 먹어 볼래?"

할아버지가 라엘이 앞으로 머랭 쿠키가 담긴 접시를 내밀었다. 라엘이는 점박이 머랭 쿠키를 손으로 잡아 이리저리 구경한 다음 입에 넣었다. 달콤하고 고소한 머랭 쿠키가 입안에서 사르르 녹았다.

"우아, 진짜 맛있어요."

라엘이의 감탄에 할아버지와 할머니가 눈을 맞추더니 빙긋 웃었다.

"머랭 쿠키 기본 재료에 김을 섞었지."

"김이라고요?"

믿기지 않는 듯 라엘이는 두 눈을 크게 뜨고 머랭 쿠키를 살폈다. 새까만 점이 김인 모양이었다.

"우아!"

머랭 쿠키에 녹아 있는 김은 설탕의 단맛을 부드럽게 감싸 주면서 고소한 맛을 느끼게 했다. 희한했다.

"우리가 살아가는 데에도 이런 조화로움이 필요하지."

할머니가 부드러운 눈으로 라엘이를 보았다.

"조화로움이요?"

라엘이가 머랭 쿠키를 입에 넣으며 고개를 갸우뚱 기울였다. 할머니가 말을 이었다.

"서로 잘 어우러지는 상태를 말하는 거야. 다디단 머랭 쿠키와 김이 어우러져서 고소한 맛이 나는 것처럼."

"아아!"

라엘이는 고개를 끄덕이며 김이 섞인 머랭 쿠키를 가만히 쳐다보았다. 문득 아이들과 빽빽거리며 싸우기 바빴던 자기 모습이 떠올랐다.

"저……. 전 지금 같은 반 아이들과 잘 지내고 싶어요. 어떻게 해야 해요?"

라엘이가 할머니를 바라보았다. 할아버지가 손뼉을 치더니 할머니에게 물었다.

"라엘이에게 다섯 번째 파워를 충전해 주면 딱 좋을 것 같은데요?"

할아버지의 말에 할머니가 천천히 고개를 주억거리며 라엘이와 눈을 맞췄다. 라엘이의 눈이 반짝 빛났다.

충전, 소통 파워

 가방을 둘러멘 소율이가 터덜터덜 대문을 빠져나왔다. 그러고는 옆집 초인종을 길게 한 번 눌렀다. 이어서 짧게 두 번. 그러면 소율이 옆집에 사는 훈이가 현관문을 열고 밖으로 나온다. 초등학교에 들어갈 무렵부터 소율이와 훈이 사이에 정해진 초인종 약속이었다.
 "왜 그렇게 기운이 없냐?"
 소율이 옆에 서며 훈이가 물었다. 그런 훈이의 목소리에도 기운이 없었다.
 어제 라엘이가 결석했다. 그리고 소율이네 모둠은 담임 선생님과 여러 이야기를 나누었다. 2교시가 끝나고 중간 놀이

시간이 시작되자 선생님이 소율이네 모둠으로 다가왔다.

"뭐 하고 있어?"

선생님이 소율이에게 물었다. 연습장에 끄적끄적 의미 없는 낙서를 하고 있던 소율이가 고개를 들어 선생님을 보았다. 훈이도, 세라도 맥이 빠진 얼굴로 선생님을 향해 고개를 돌렸다. 아이들의 신경은 온통 라엘이의 빈자리에 쏠려 있었다.

"방학맞이 파티 준비는 잘되고 있어?"

선생님이 비어 있던 라엘이의 자리에 앉으며 세 아이를 둘러보았다. 아이들은 대답 없이 고개를 숙였다. 소율이네 모둠의 방학맞이 파티 준비는 빵점이었다. 아무것도 준비된 게 없었다.

"라엘이요······."

소율이가 조심스레 입을 열며 선생님을 바라보았다. 선생님이 생긋 웃는 얼굴로 소율이와 눈을 맞췄다.

"파티 때문에 결석한 거예요?"

어쩐지 그런 것 같았다. 사실 방학맞이 파티가 공지된 이후로 아니, 그 전에 급식실 소동이 일어난 때부터 소율이는 물론, 훈이와 세라까지 라엘이가 편치 않았다.

"왜 그렇게 생각해?"

선생님이 물었다. 소율이는 힐끗 훈이와 세라를 쳐다보았다. 속 시원히 이야기를 해도 될지 두 친구에게 확인받고 싶었다. 다행히 훈이와 세라가 고개를 끄덕였다. 소율이는 선생님에게 그동안 모둠에서 있었던 일을 차근차근 풀어 놓았다.

"그랬구나……."

소율이의 이야기를 다 듣고 선생님은 가만가만 고개를 끄덕였다. 그러고는 다시 세 아이를 둘러보며 말을 이었다.

"라엘이가 영양사 선생님께는 사과했어."

"언제요?"

소율이가 두 눈을 휘둥그레 떴다.

"그날 방과 후에 나랑 급식실에 가서 사과드렸어."

"그런데 왜 계속 급식을 안 먹어요?"

소율이가 물었다. 소율이는 이제껏 라엘이가 영양사 선생님을 볼 낯이 없어서 급식실에 가지 않는 줄 알고 있었다.

"라엘이는 아직 급식실 문화가 익숙하지 않은가 봐."

"급식실 문화요?"

이번에는 세 아이가 동시에 입을 열었다. 급식실 문화라는 말이 아이들에게는 오히려 익숙하지 않았다.

"아이들이 우르르 급식실에 몰려가서 줄을 서고, 배식을 받고, 대형 식당에 빼곡하게 둘러앉아 밥을 먹는 게 라엘이는 너무나 정신없고 불편한가 봐."

선생님이 라엘이의 입장을 설명했다.

"라엘이가 살던 나라에서는 급식을 안 했던 거죠?"

세라가 차분하게 물었고, 선생님은 고개를 끄덕였다.

"급식하는 게 나쁜 거예요?"

훈이가 고개를 갸우뚱거리며 물었다. 소율이도 궁금증이 가득한 눈빛으로 선생님을 바라보았다. 소율이는 급식이 참 좋았다. 영양사 선생님이 아이들의 건강을 생각해 만든 균형 잡힌 식단도 좋았고, 충분히 맛있는 음식을 나눠 먹으며 재잘재잘 여유를 나누는 시간도 좋았다. 다행스럽게도 선생님은 고개를 저었다.

"라엘이에게 익숙하지 않은 거지."

"휴······. 대체 언제쯤 익숙해질까요?"

소율이가 한숨을 섞어 가며 물었다.

"라엘이가 노력해 보겠다고는 했는데······."

선생님이 자신 없는 듯 조심스럽게 말을 이었다.

"라엘이는 모둠에서 뭔가를 함께 준비하고 맞춰 가는 것도 자연스럽지 않은 모양이야."

선생님의 말씀에 소율이는 물론, 훈이와 세라까지 단번에 얼굴이 찌푸려졌다. 선생님이 그런 아이들을 둘러보고는 싱긋 웃으며 말했다.

"그래도 함께하는 즐거움을 라엘이가 알아 갔으면 좋겠어. 그리고 너희 모둠이라면 충분히 라엘이에게 그런 기회를 줄 수 있다고 생각해."

선생님의 답은 깔끔했다. 하지만 소율이의 머릿속은 복잡했다.

"그러면 무조건 라엘이가 하자는 대로 따라야 하나요?"

"그건 아니야. 함께 하나씩 하나씩 맞춰야겠지?"

선생님의 말에 소율이는 '푸' 하고 한숨을 내쉬었다. 훈이와 세라도 심란한 얼굴이었다.

"생각해 봤는데……."

걸음을 옮기며 소율이가 말했다. 훈이가 고개를 돌려 소율이를 보았다.

"우리, 마음 맞추기 게임부터 해 보는 게 어떨까?"

"그게 뭔데?"

훈이가 눈을 동그랗게 뜨고 물었다.

"좋아하는 걸 적고 하나씩 이야기하면서 지워 나가는 빙고 게임이야. 오늘 라엘이가 오면 우리 모둠만 모여서 해 보자. 서로 좋아하는 게 무엇인지 알면 맞춰 가기 쉽지 않을까? 어때?"

소율이의 목소리에 점점 힘이 담겼다. 훈이가 소율이의 어깨를 '탁' 치며 말했다.

"오, 좋아! 서로 어떤 걸 좋아하는지 알면 관심도 더 많이 생길 것 같아."

소율이는 곧장 세라에게 문자 메시지를 보냈다. 둘만 알고 있으면 안 될 것 같았다. 소율이와 훈이 그리고 세라는 어느덧 생각을 같이하는 사이가 되어 가고 있었다.

"우리, 라엘이네 집에 가 볼래?"

발걸음을 멈추고, 훈이가 제안했다. 소율이가 화색을 띠며 응했다.

"그럴까? 너 라엘이네 집에 가 본 적 있댔지?"

소율이와 훈이는 자연스럽게 전파산 쪽으로 발길을 돌렸다.

"그런데 혹시, 라엘이가 싫어하면 어쩌지?"

라엘이네 집이 가까워지자, 훈이가 걱정스러운 얼굴로 입을 뗐다.

"내가 사과부터 할게."

소율이가 강단 있게 말했다. 훈이가 고개를 갸우뚱했다. 갑자기 무슨 사과를 하려는 건지 궁금했다.

"키오라히 얘기할 때, 라엘이가 정말 신나 보였거든. 근데 내가 찬물을 끼얹은 것 같아."

소율이가 말을 막 맺는 참이었다.

"사과는 내가 먼저 해야 할 것 같은데? 키오라히는 너무 위험했어."

라엘이가 소율이와 훈이 앞으로 성큼 다가오며 소율이 말에 대꾸했다. 소율이와 훈이가 우뚝 걸음을 멈췄다. 무척이나 놀란 얼굴이었다.

"왜 그렇게 놀라? 내가 갑자기 나타나서?"

라엘이가 풋 웃으며 물었다. 소율이가 정신을 차리려는 듯 고개를 흔들었다. 그러고는 얼떨떨하게 말을 붙였다.

"내가 한 말, 어디에서부터 들었어?"

"사과한다는 말부터 들었어. 여기 우리 집 앞이잖아."

"맞네! 너희 집 앞이었지?"

훈이가 머쓱한 듯 뒷머리를 긁으며 웃었다.

"나 보러 온 거야?"

라엘이가 묻자마자 소율이와 훈이가 동시에 고개를 끄덕였다. 라엘이가 피식 웃고는 앞장서 걷기 시작했다. 기분이 좋아 보였다. 소율이와 훈이가 재빨리 라엘이 곁으로 다가갔다.

"어제는 많이 아팠어?"

훈이가 물었다. 라엘이는 잠시 생각하더니 고개를 주억거렸다. 그러고는 한 손을 가슴에 갖다 댔다.

"사실, 몸이 아니라 여기가 아팠는데 이제 다 나은 것 같아. 파블로바 먹으면서 조화로움을 배웠거든."

라엘이의 말이 끝나기 무섭게 소율이가 의문을 쏟았다.

"파블로바? 조화로움?"

"안 어울릴 것 같은 머랭 쿠키와 김이 섞여 환상적인 맛을 내는 걸 보고 내가 너희와 어떻게 어우러져야 하는지 깨달았다고나 할까?"

"어떻게?"

소율이와 훈이가 동시에 물었다. 라엘이가 씩 웃으며 장

난스럽게 물었다.

"너희 파워 충전소라고 알아?"

소율이와 훈이가 입을 떡 벌리고 라엘이를 보았다.

"너 거기 갔다 왔어?"

"혹시 파워를 충전받은 거야?"

소율이와 훈이가 연거푸 질문을 던졌다. 그러는 새 학교 앞 건널목에 다다랐다. 그리고 신호등에 초록색이 떴다.

따르르, 따르르.

신호음이 울렸다.

"빨리 가자!"

라엘이가 시원하게 말을 던지고는 달음박질했다.

"야, 아직 안 늦었어!"

훈이가 라엘이를 쫓으며 목청을 높였다.

"너 무슨 파워를 받았는데? 뭔데?"

소율이도 라엘이를 쫓아 건널목을 건너며 큰 소리로 외쳤다.

"그렇게 궁금하면 이따 수업 끝나고 같이 파워 충전소에 가 보든지."

교문 앞으로 걸음을 옮기며 라엘이가 말했다.

"뭐? 어딜 가자고?"

아파트 쪽에서 세라가 오고 있었다. 어느 틈에 모둠원 네 명이 모두 모였다.

"라엘이가 파워 충전소에 다녀왔대."

"아무래도 다섯 번째 파워를 받은 것 같아."

훈이와 소율이가 쉬지 않고 말을 이어 붙였다. 세라가 환하게 미소를 지으며 라엘이를 보았다. 교문으로 들어서며 소율이가 갑자기 생각난 듯 말을 던졌다.

"우리 모둠 방학맞이 파티 음식, 파블로바로 할까?"

"꼬마김밥으로 해도 될 것 같아."

라엘이가 툭 말했다. 소율이, 훈이, 세라가 놀란 듯 라엘이를 쳐다보았다.

"먹어 보니까 맛있더라. 히히."

라엘이가 천연덕스럽게 웃었다.

"그래? 그럼 우리, 놀이는 뭐로 할까?"

소율이가 라엘이 어깨에 팔을 얹으며 말했다. 전파초등학교 6학년 교실로 향하는 길목이 아이들 목소리로 와글와글 울렸다. 목소리 사이로 환한 웃음이 햇살처럼 번졌다.

소통 파워란?

 라엘이가 받은 다섯 번째 파워가 뭐예요? 네?

 궁금해서 하루 종일 어떻게 수업을 들었을까?

 그러니까 빨리 말씀해 주세요!

 우리가 라엘이에게 준 파워는 말이다…….

 소통 파워야. 사람과 사람 사이의 소통과 유대감, 인간관계 등을 강화해 주는 능력이지.

우아, 어쩐지! 오늘 라엘이 진짜 멋있었거든요!

저도 소통 파워를 충전받아야 할 것 같아요. 라엘이랑 제대로 소통하지 못해 힘들었거든요.

그래? 그렇다면 소통 파워를 충전받지 않고도 받은 것처럼 활약할 수 있게끔 소통 파워에 대해 알려줘야겠구나. 소통 파워에는 의사소통 능력과 공감 능력, 협업 능력 그리고 다른 문화를 수용할 줄 아는 능력이 포함된단다.

의사소통은 사람들이 서로 정보나 감정, 생각 등을 교환하는 과정인데, 의사소통 능력은 정보 전달뿐 아니라 관계 형성, 감정 표현, 문제 해결 등 다양한 기능을 수행하는 중요한 능력이야.

지난번에 저랑 소율이도 서로 감정을 표현하지 않았다가 오해한 적이 있어요. 의사소통이 안 되어서 그랬던 거네요?

그렇지. 심리학자 사티어가 구분한 의사소통의 유형을 살펴볼까?

회유형	자신의 감정은 모른 척, 다른 사람의 감정에만 동조하고 따르는 유형.
비난형	자기주장이 강하고 독선적이며 명령과 지시에 익숙한 유형.
초이성형	지나치게 합리적인 상황만을 중시해 다른 사람의 상황은 전혀 고려하지 않는 유형.
산만형	자신을 드러내려고 무던히 노력하지만 상대방의 반응이나 감정에는 무감각한 유형.
일치형	각자의 독자성을 존중하며 현실적인 방법으로 문제를 해결하기 위해 노력하는 유형.

 저는 왠지 비난형이나 산만형에 가까웠던 것 같아요. 제가 먹고 싶은 음식, 하고 싶은 놀이만 주장했거든요. 다른 친구들의 반응에는 무심했어요.

 저는 회유형인 것 같아요. 다른 사람의 감정에 맞추는 게 배려라고 생각했거든요.

 이 중에 갖고 싶은 의사소통 능력이 있니?

 일치형이요!

그래, 아무래도 일치형의 의사소통 능력을 지니고 있다면 다른 사람들과 관계 맺기가 훨씬 수월하겠지?

 그럼 이제부터 다음과 같은 방법으로 일치형 의사소통 능력을 키워 보면 어떨까?

자신의 감정을 모른 척하는 **회유형**	자기 마음을 돌보고 존중하는 태도 키우기
자기주장이 강하고 독선적인 **비난형**	다른 사람에 대한 인식 높이기
다른 사람의 상황을 고려하지 않는 **초이성형**	자신과 타인의 감정을 함께 인지하는 자세 가지기
자신만 드러내고 타인에게 무감각한 **산만형**	자신과 타인은 물론, 상황을 수용하는 태도 가지기

쉽지는 않겠지만 꾸준히 노력해 볼게요. 소통 파워도 충전 받았으니까 잘할 수 있겠죠?

당연하지!

빨리 다른 능력에 대해서도 알려 주세요!

 허, 급하기는. 소통 파워에서는 공감 능력도 꽤 중요하단다. 공감이란 남의 감정, 의견, 주장에 대해 자기도 그렇다고 느끼는 기분이야. 공감 능력이 풍부하면 다른 사람을 이해하고, 다른 사람과 같은 마음으로 생각하거나 행동할 수 있어. 그래서 공감 능력은 사회성을 결정짓는 중요한 잣대가 되기도 하지. 생각해 보거라. 친구가 얼마나 속상한지 느끼지 못하면 어떻게 위로할 수 있겠니?

 맞아요. 제가 그랬어요. 훈이가 수학 성적이 안 나와 속상했을 때 공식을 외우라고 다그쳤어요. 공감 능력을 키우는 방법도 있을까요?

 공감 능력을 키우려면 자기 자신에 대한 애정을 가지고, 다른 사람의 감정을 이해하려 노력해야 해. '역지사지'라는 말 알지? 상대방과 처지를 바꿔 생각해 보는 것도 좋은 방법이지.

 잘 메모해 두고 실천해야겠어요.

 소통 파워를 키우려면 협업 능력도 중요한데, 협업 능력이 뭔지는 굳이 설명하지 않아도 알 수 있겠지?

여럿이 함께 힘을 모아 뭔가를 해내는 힘 아닌가요?

 맞았어. 너희가 방학맞이 파티를 함께 준비할 때 필요한 힘이지.

 나머지 하나는 다른 문화를 수용할 줄 아는 능력이라고 하셨지요?

 그래. 나와 다른 의견, 다른 나라의 문화도 배척하지 않고 수용하며 인정하는 태도지. 세계 여러 나라와 활발하게 교류하며 살아가는 현대 사회에서는 꼭 필요한 능력이야.

 파블로바를 먹어 보지도 않고 거부했던 것을 반성합니다!

아무리 개별화, 개인화 현상이 뚜렷하게 증가하고 있는 세상이라도 사람은 혼자서는 살아갈 수 없는 존재란다. 그렇기 때문에 다른 사람과 다른 문화를 이해하고, 공감하고, 다른 사람과 연대하며 함께 발전하는 소통 파워가 꼭 필요하지.

너희처럼 서로를 향한 착한 진심과 따뜻한 관심이 있다면, 꼭 소통 파워를 충전받지 않아도 충분히 좋은 관계를 맺을 수 있을 게다.

네, 라엘이와 함께 열심히 노력해 볼게요!

그럼 이제 우리 방학맞이 파티를 준비하러 가 볼까?

신나는 방학맞이 파티가 되기를 바란다.

에필로그

    방학맞이 파티가 열렸다. 후다닥 간단하게 점심을 먹고 교실로 돌아온 아이들 얼굴에 웃음꽃이 만발했다. 라엘이도 마찬가지였다.

    소통 파워를 충전받은 뒤로 라엘이는 일주일에 두 번씩 급식실을 찾았다. 물론 자기가 좋아하는 음식만 받아 먹었지만 말이다. 그래도 아이들과 함께 배식받고 자리에 앉아 재잘거리며 점심을 먹는 분위기에 차츰 적응해 가는 모습이었다.

    "우리 모둠에서는 꼬마김밥을 준비했습니다!"

    라엘이가 명랑한 목소리로 모둠의 음식을 소개했다. 주위에서 환호성이 터졌다. 소율이와 훈이는 책상 위에 꼬마김밥 재료를, 세라는 집에서 가져온 기다란 접시를 보기 좋게 꺼내 놓았다. 다른 모둠에서 준비한 컵 과일, 쿠키와 한 입 크래커, 조각 닭구이까지 진열되자 맛있는 냄새가 교실을 가득 채웠다. 방금 점심을 먹고 온 아이들이었지만 맛있는 냄새에 군침을 삼키며 부지런히 음식을 준비했다.

"김밥 마는 거 재미있다!"

모둠 아이들과 꼬마김밥을 만들며 라엘이가 해해 웃었다. 위생 장갑을 끼고, 미리 양념해 온 밥을 조물조물 주물러 까만 김에 말아서 내어놓은 꼬마김밥은 다른 모둠 아이들에게도 인기가 많았다.

"자, 이제는 모둠별로 준비한 놀이를 해 볼까요?"

음식을 나눠 먹은 뒤 선생님이 놀이를 제안했다. 반 아이들은 공기놀이, 제기차기 같은 전통놀이를 주로 준비했다.

"우리 모둠에서는 빙고 게임을 하려고 합니다."

이번에도 라엘이가 또박또박 발표했다. 소율이와 세라, 훈이는 미리 준비해 온 빙고 용지를 반 아이들에게 나누어 주었다.

"빙고 게임의 주제는 뭔가요?"

선생님이 물었다.

"자기가 좋아하는 것 쓰기입니다!"

라엘이의 말에 승혁이가 질문을 던졌다.

"좋아하는 것을 스물다섯 개나 쓰란 말이야?"

라엘이가 고개를 끄덕이며 큰 소리로 말했다.

"우리 반 아이들이 좋아하는 게 뭔지 알면, 2학기 때 더

즐겁고 재미있게 지낼 수 있을 것 같아서요."

"좋은 생각이네요. 선생님도 열심히 귀 기울여 여러분이 무얼 좋아하는지 들어 볼게요."

선생님 말씀이 끝나기 무섭게 아이들이 연필을 꺼내 빙고 용지를 채우기 시작했다. 사각거리는 소리가 전파초등학교 6학년 1반 교실을 경쾌하게 채웠다. 창밖에는 방학을 앞둔 아이들의 열기처럼 뜨거운 태양 빛이 쏟아져 내리고 있었다.

작가의 말

소통 파워, 존중하고 배려하기

　어느덧 '파워 충전소'와 다섯 번째 만남이네요. 그동안 파워 충전소는 튼튼한 몸과 건강한 두뇌, 단단한 마음 그리고 리더십까지 자신을 튼실하게 키워 줄 파워를 찾아 우리 친구들에게 전달했어요.

　그런데 사회에 꼭 필요한 사람으로 성장하려면, 나 자신뿐 아니라 다른 사람과도 좋은 관계를 유지할 수 있는 마음가짐이 필요하지 않을까요? 그래서 다섯 번째 파워로 '소통'을 선정했어요.

　사람은 혼자서는 살 수 없어요. 필연적으로 다른 사람과 관계를 맺으며 살아가지요. 나를 낳아 준 부모님과 나의 형제자매 그리고 우리 부모님을 낳아 준 할아버지와 할머니 같은 가족 관계를 기본으로, 학교에서 만나는 선생님과 친구들과도 떼려야 뗄 수 없는 관계를 맺고 있어요. 이들과 관계를 맺으며 지내는 것이 우리 일상의 상당 부분을 차지해요. 그래서 몸과 마음을 편안하고 유쾌하게 만들려면, 관계 맺기를 정말 잘해야 해요. 이때 최우선으로 고려해야 할 것이 바로 '나는 나, 너는 너. 우리는 같지만 다르다'라는 점이에요.

세상에는 정말 많은 사람이 살아요. 그들은 각자 자신만의 고유한 색깔을 지니고 있지요. 우리 친구들도 그럴 거예요. 좋아하는 것, 싫어하는 것, 하고 싶은 것, 하기 싫은 것이 제각각 다를 거예요. 저도 마찬가지예요.

저는 연두색과 달 그리고 바다와 국수를 좋아해요. 저랑 함께 사는 사람은 저처럼 국수를 좋아하지만, 뜨겁게 빛나는 태양과 녹음이 우거진 숲을 좋아하지요. 그래서 '어디로 놀러 갈까?' 고민할 때마다 서로 다른 취향 때문에 사소한 다툼이 일어나곤 해요.

이때 각자 원하는 것만 고집한다면 다툼은 커질 수밖에 없어요. 누군가 한 사람이 다른 사람과 함께하기 위해 자신의 취향을 포기해야만 하지요. 하지만 매번 한 사람이 일방적으로 포기하는 방식으로 맞춰 가면 안 돼요. 각자의 취향을 존중하면서 조금씩 천천히 맞춰야 하지요. 자기 생각만 고집하던 소율이와 라엘이가 상대방의 마음을 알아 가며 조금씩 양보하고 배려했던 것처럼요.

양보와 배려가 쉽지 않다면 파워 충전소의 할아버지와 할머니가 '소통 파워'에 대해 알려 준 방법들을 하나씩 곱씹어 보면 어떨까요? 그러면 아주 멋지게, 조화로운 관계를 만들어 갈 수 있을 거예요.

파워 충전소 할아버지와 할머니가 알려 준 방법도 어렵다면, 이것 하나만이라도 기억해 주세요. 내가 좋아하는 걸 모든 사람이 좋아할 수는 없다는 사실! 그러니까 내가 좋아하는 걸 함부로 강요하면 안 된다는 것! 이처럼 각자의 취향을 존중하고 배려하는 태도, 그것이 바로 '소통 파워'의 핵심이라는 걸요.

친구들 모두 '소통 파워'를 충분히 익혀 많은 사람과 좋은 관계를 맺으면 좋겠어요. 그렇게 모두 행복하고 건강한 일상을 만들어 가기를 바라요!

친구들의 행복과 건강을 염원하며, 작가 최은영